S.O.S.
Sujeito Ou Sujeitado
Definindo seu Sucesso ou seu fracasso!

Contatos com a autora:

marisa.urban@hcca.com.br
Human Capital Consultores Associados
www.hcca.com.br
(11) 98137-0706

S.O.S.
Sujeito Ou Sujeitado
Definindo seu Sucesso ou seu fracasso!

4ª EDIÇÃO REVISTA E ATUALIZADA

Marisa Urban

QUALITYMARK

Copyright© 2017 Marisa Urban

Todos os direitos desta edição reservados à Qualitymark Editora Ltda.
É proibida a duplicação ou reprodução deste volume, ou parte do
mesmo, sob qualquer meio, sem autorização expressa da Editora.

Direção Editorial
SAIDUL RAHMAN MAHOMED
editor@qualitymark.com.br

Produção Editorial
EQUIPE QUALITYMARK

Pintura da Capa: MAURÍCIO URBAN
Capa: RENATO MARTINS

Editoração Eletrônica
CUMBUCASTUDIO SOLUÇÕES EM INFORMÁTICA LTDA.

1ª Edição: 2011
2ª Edição: 2011
3ª Edição: 2012

4ª Edição: 2014
1ª Reimpressão: 2017

CIP-Brasil. Catalogação-na-fonte
Sindicato Nacional dos Editores de Livros, RJ

U63s
4. ed.
    Urban, Marisa, 1963-
    S.O.S. sujeito ou sujeitado: definindo seu sucesso ou seu fracasso! / Marisa Urban – 4. ed. rev. e atualizada – Rio de Janeiro : Qualitymark Editora, 2017.
    124p.: 23cm

    ISBN 978-85-414-0155-5

    1. Pessoal – Treinamento. 2. Desempenho. 3. Conduta. 4. Liderança. 5. Grupos de trabalho. 6. Sucesso nos negócios. I. Título. II. Título: Sujeito ou sujeitado.

11-2583   CDD: 658.3
     CDU: 005.95/96

2017
IMPRESSO NO BRASIL

Qualitymark Editora Ltda.
Rua Teixeira Júnior, 441 – São Cristóvão   www.qualitymark.com.br
20921-405 – Rio de Janeiro – RJ   E-mail: quality@qualitymark.com.br
Tel.: (21) 3295-9800   Fax: (21) 3295-9824

DEDICATÓRIA

Aos meus queridos pais, que me ensinaram a ter posturas de "Sujeito" desde criança, por seus exemplos, orientações, limites e apoio.

Marisa Urban

Agradecimentos

*T*enho trabalhado com esta abordagem "Sujeito × Sujeitado" por mais de 17 anos, em diversas empresas nacionais e multinacionais para os diversos níveis, de diretoria à operação, e portanto com inumeráveis pessoas. Ela faz parte de mim, de meu trabalho, de minha vida de uma maneira tão forte e tão determinante, que chego a não me surpreender com o tamanho do impacto que proporciona na vida das pessoas e nas organizações.

Na verdade, eu sempre soube e via as mudanças que esta abordagem proporcionava às pessoas e organizações, e para mim era o que eu pretendia, queria, era meu alvo, minha meta. Mesmo porque, em todos os trabalhos desenvolvidos, a meta era clara para mim e acordada com meus clientes: a transformação, a melhoria, a otimização de competências comportamentais. Só elas poderiam ter tamanho impacto na melhoria de processos e resultados. Só através das pessoas, sabia disso desde o tempo em que me iniciei como "professora" particular aos meus 15 anos... já trabalhava com esta abordagem sem muita consciência e, portanto, de uma maneira mais intuitiva.

Até aí tudo estava calmo e acomodado, mas engraçado foi ver a especialidade do conceito de maneira indiscutível e avassaladora, quando fiz uma nova sociedade e criamos a Human Capital Consultores Associados. Selma Paschini, a nova sócia-fundadora e velha amiga, passou também a usar a abordagem em nossos clientes e em diferentes processos. Ela dizia não acreditar no que via, no poder e na facilidade da alavancagem que remetia as pessoas para a mudança.

Acho que só pude enxergar realmente, com tanta clareza, a força, profundidade e amplitude da abordagem Sujeito × Sujeitado quando ela, Selma, demonstrou com enorme entusiasmo e crença a força da abordagem e passou a insistir muito que eu escrevesse um livro sobre o assunto. Insistência incansável, incomodativa e constante.

Realmente nunca tive como meta escrever um livro, e muito menos sobre esta abordagem. Mas aí, passei a sistematizar "n"casos para os quais contribuí e aos quais presenciei e os respectivos relatos. Alguns que, inclusive, só vim a ter ciência muito tempo depois, quando recebia e-mails que relatavam aonde chegaram dadas as mudanças que fizeram a partir da abordagem Sujeito × Sujeitado.

Outros que me ligavam para agradecer a promoção que receberam, para compartilhar a casa que tinham conseguido construir, para me contar o curso que completaram, para agradecer que estavam conseguindo viver melhor com o marido, que o relacionamento tinha mudado muito, ou para compartilhar que hoje acreditavam muito mais em si, alguns que descobriram que os limites que viam eram mais fruto de suas posturas do que qualquer limitação externa. Recebi agradecimentos por poder ter contribuído a lidar melhor com dores importantes relativas a perdas de entes queridos e amados.

Os agradecimentos na verdade não eram para mim, eram para o que a abordagem Sujeito × Sujeitado proporcionou a elas, nas pessoas que tomaram contato.

Relatos de estagiários, trainees, técnicos, executivos e empresários de como aprenderam e aplicaram em suas vidas profissional e pessoal e hoje são gerentes, diretores e presidentes de empresas. Inumeráveis telefonemas de pessoas que eram semianalfabetas e hoje têm curso superior.

Tenho a grata satisfação de ter acompanhado muitos e muitos caminhos de mudança para melhor, para posturas de Sujeito. Lembro-me de alunos do MBA da UFRJ onde ministrei curso no Módulo de Recursos Humanos, quando os encontrava casualmente na rua, na frente de uma empresa cliente, no centro empresarial onde temos a Human Capital ou em um restaurante... faziam seus relatos da importância e de como mudaram seus comportamentos para melhor. Agradeciam, e eu sempre dizia sobre a responsabilidade que tiveram em suas mudanças. Que não poderiam agradecer por isso. Só eles foram responsáveis pela própria guinada. Eles assumiram uma postura de "Sujeito", só eles.

Engraçado, percebi de maneira ensurdecedora o impacto da abordagem.

E com as reações de Selma, com a notória e amigável postura insistente para que eu escrevesse, e me apoiando nessa empreitada, todos esses fatores foram essenciais para a tomada de decisão. A decisão de escrever este livro.

Sentei-me e iniciei as linhas, mesmo com meu pragmatismo, objetividade, ansiedade e preferência por atividades que pressupõem ação e movimento; mesmo estando no final do livro, em dias de Copa do Mundo de futebol... que adoro, e mesmo em dia de jogo do Brasil, eu dedicava horas e horas escrevendo, reescrevendo, analisando, organizando o livro. Eu mesma me surpreendia. Queria terminá-lo.

Fico a me perguntar: será que este livro existiria sem o grande incentivo e determinação da minha amiga e sócia? Tenho certeza de que não.

Assim, agradeço demais a ela, cara e querida amiga Selma Paschini.

Outro agradecimento vai para o time de Liderança da PROTESTE, que em um dos workshops trouxe a ideia do título *SOS* que na mesma hora pedi a permissão para usá-lo na capa do livro, agregando valor ao título *Sujeito ou Sujeitado*.

Foi um momento mágico e definitivo.

Quero agradecer ao Mauricio Urban, meu irmão querido, por me ceder uma de suas pinturas em acrílico para a capa do livro. Um quadro que se chama *Trekking* e que muito me inspirou.

Fiquei muito honrada e agradecida por receber importante artigo da minha querida amiga Flavia Serebrenic Jungerman – Capítulo 12. Agradeço também pelos feedbacks positivos em relação à abordagem; foi uma gratíssima surpresa, ainda mais por vir de alguém com uma formação acadêmica tão importante.

Com carinho, outro agradecimento vai para Camila Auter Paschini, minha querida sobrinha de coração, que se expôs abrindo parte de sua vida no relato de seu "resgate" – Capítulo 13.

Mensagem ao Leitor

Caro Leitor,

Compartilho minha alegria com você pelo *S.O.S. Sujeito ou Sujeitado* estar na 4ª edição!

Esta abordagem tem trazido muitas pessoas a refletir sobre suas posturas e as consequências das mesmas. E, à medida que isto ocorre, muitas mudanças em seus comportamentos têm-se dado por puro entendimento e escolha.

Mudanças promissoras, alavancadoras, libertadoras, aquelas que possibilitam o uso maior do potencial de cada um. Seja em relação à sua postura profissional como gestor ou como parte de uma equipe, seja em sua vida pessoal, familiar.

O entendimento de que **como e onde estamo**s hoje é responsabilidade de cada um de nós. Má ou boa notícia! Má porque pode doer, mas boa por podermos perceber que estão em nossa mãos as nossas escolhas e, portanto, nosso futuro; e ele só será como o escolhermos, como nos dedicarmos a ele. Esse futuro está diretamente relacionado a como lidamos com nossas **Desculpas Verdadeiras**. Todos nós as temos, a diferença é se as usamos ou não.

Fica o convite a você, caro leitor, para entrar nesta abordagem, refletir e escolher se quer ser Sujeito ou Sujeitado!

Boa leitura!

Marisa Urban

PREFÁCIO

Quando, em dezembro de 2010, foi publicada a primeira edição de *S.O.S. Sujeito ou Sujeitado*, parabenizei a autora por sua importante e relevante contribuição particularmente orientada para a instrumentalização de gestores no desenvolvimento de suas equipes. Apesar de minha admiração pela abordagem conceitual e pelo pragmatismo adotado para a transmissão do conceito e sua aplicação, naquele momento meu entendimento limitava-se a uma utilização no mundo corporativo.

Jamais duvidei do sucesso da obra de Marisa Urban, mas confesso que estou, agradavelmente surpresa pela abrangência de aplicação alcançada, pela diversidade de público atingido e pela rapidez com que chega à sua 4ª edição em apenas três anos. Aquilo que originalmente destinava-se ao fim restrito dos líderes das organizações não apenas tem atingido plenamente este objetivo, conforme se observa nos diversos depoimentos de Executivos, como se mostrou contributivo em outras áreas da existência humana.

É gratificante ler o Capítulo 11 escrito pela Dra. Lucy Vitale Lopes, especialista em medicina do trabalho que, após conhecer a abordagem de *S.O.S. Sujeito ou Sujeitado*, passou a utilizá-la na compreensão e na avaliação comportamental dos casos de medicina do trabalho.

Toca-me profundamente o Capítulo 12 publicado nesta 4ª edição, de autoria da Dra. Flavia Serebrenic Jungerman, especialista no tratamento de Dependentes Químicos. Em sua busca de aprofundamento teórico e prático sobre o tema, a Dra. Flavia acumulou um largo espectro de conhecimentos e experiências. Assim, é motivo de orgulho para a autora que os conceitos apresentados em *S.O.S. Sujeito ou Sujeitado* sejam reconhecidos como uma ferramenta que, de alguma forma, possa contribuir para o tratamento de dependentes químicos.

Com emoção e orgulho li o Capítulo 13, também publicado nesta 4ª edição, escrito por Camila Auter Paschini, minha sobrinha. A forma clara, corajosa e autêntica como compartilhou seu processo de enfrentamento da postura de Sujeitado e a assunção da postura de Sujeito possibilitou que ela assumisse o controle de suas escolhas e, portanto, de sua vida. Compartilhar uma experiência de superação é sempre um ato de generosidade e ensinamento. Inúmeras pessoas podem se alimentar dessa experiência para questionar e refletir acerca de sua própria postura.

De fato, ingenuamente, minha visão paradigmática do mundo corporativo me levou a acreditar que a abordagem do Sujeito ou Sujeitado se restringia às organizações. Hoje, reconheço e felicito a autora pelo rompimento das fronteiras empresariais e profissionais, e por ter conseguido levar sua abordagem para outras áreas pessoais e profissionais.

Selma Paschini

Sumário

1. Apresentação, 1
2. Introdução, 5
3. A Abordagem Sujeito ou Sujeitado, 9
4. As Histórias de João e José, 15
5. Escolhas, 21
6. As Diferentes Perspectivas Vencedoras, 25
7. As Posturas de Sujeito ou de Sujeitado no Contexto do Ambiente de Negócios, 33
8. Identificando e Liderando Talentos, 37
9. Gestor nas Posturas de Sujeito e de Sujeitado, 47
10. O Liderado nas Posturas de Sujeito e de Sujeitado, 53
11. O Impacto das Posturas de Sujeito ou Sujeitado nas Supostas Doenças, 59
12. A Teoria do Sujeito-Sujeitado Aplicada à Dependência Química, 63

13. Um Caso de Superação, 69
14. As Perguntas mais Frequentes, 75
15. Depoimentos, 85

APRESENTAÇÃO 1

Conheço Marisa Urban há mais de 20 anos. Em meados da década de 80, trabalhávamos numa empresa que simbolizava a vanguarda na gestão de recursos humanos da época, a Rhodia.

Com o passar dos anos a relação de amizade se manteve, embora os caminhos profissionais tenham se distanciado: eu segui minha carreira na vida corporativa e Marisa Urban tomou, desde então, o caminho da consultoria empresarial.

Ao longo de cerca de 20 anos, acompanhei muito à distância os trabalhos que Marisa vinha desenvolvendo junto aos seus clientes; sabia apenas que se dedicava ao desenvolvimento e à implantação de processos de desenvolvimento humano e organizacional em empresas nacionais e multinacionais de pequeno e médio portes. Com formação em psicologia pela PUC-São Paulo e especialização em filosofia, Marisa sempre alimentou grande paixão por gente. O desejo de compreensão do ser humano e a contínua busca por técnicas, métodos, processos e abordagens que pudessem ajudar seus clientes na resolução de seus conflitos e na busca da superação de seus obstáculos a motivavam e engajavam em sua escolha de carreira.

No início de 2007, após 9 anos de atuação na Shell como vice-presidente de RH para a América Latina, decidi encerrar meu ciclo na vida corporativa para lançar-me na carreira de consultora. Não foi dessa vez ainda, pois tive uma recaída e vivi mais uma posição corporativa como RH Global da Votorantim Cimentos.

Somente em meados de 2008, meu projeto pessoal de longa data se concretizou e me lancei na carreira de consultoria. Na ocasião, Marisa e eu conversamos muito e concluímos que sua experiência de quase duas décadas em consultoria e minha longa vivência em posições executivas no mundo corporativo eram complementares. Concluímos que essa complementaridade seria benéfica para nossa empresa e, principalmente, para nossos clientes. Nascia, em junho de 2008, a Human Capital Consultores Associados.

Foi, mais ou menos, nessa época que tive a oportunidade de assistir pela primeira vez a uma apresentação da minha nova sócia, para um grupo de executivos de uma empresa cliente. Tratava-se de um workshop de dois dias de duração visando ao desenvolvimento de gestores com foco em liderança e em desenvolvimento de equipe.

Marisa queria levar os participantes a uma reflexão sobre suas posturas individuais como pessoas, para depois refletirem sobre suas posturas profissionais enquanto gestores e líderes de equipes. O que ocorria de fato, e ela tinha total consciência disso, é que os participantes faziam ambas as reflexões simultaneamente.

O nome da apresentação para a abordagem do tema descrito acima era "Sujeito ou Sujeitado". O tempo estimado e dedicado para essa primeira sessão do workshop era de duas horas, incluindo a apresentação, debates, simulação vivencial e fechamento.

Eu, como uma simples espectadora do treinamento, fiquei surpresa com os resultados que foram se apresentando desde os primeiros 15 minutos da apresentação. Com uma abordagem pragmática e uma linguagem direta, simples e não ameaçadora, Marisa colocou o conceito e despertou imediatamente o engajamento e a motivação dos participantes para discutir o tema.

Era notável a facilidade com que os participantes compreendiam o conceito, relacionavam o conteúdo com suas experiências e vivências pessoais e profissionais, exerciam a autocrítica em relação à própria postura pessoal e profissional, à luz do novo conceito que se apresentava.

Os participantes debatiam, de forma intensa e interessada, as diferentes posturas que o ser humano pode escolher assumir frente às opções que se apresentam, seja na vida pessoal ou profissional. Os participantes, rapidamente, identificavam momentos em sua vida em que assumiram ou têm assumido uma postura de "Sujeito" ou de "Sujeitado". Identificavam, também, amigos ou membros de suas famílias ou de suas equipes que adotavam esta ou aquela postura, bem como as consequências geradas para o outro ou para o negócio.

Ainda mais surpreendente foi observar que, ao longo das horas que se seguiram naquele workshop de dois dias de duração, os participantes resgataram o conceito em vários momentos diferentes e passaram a incorporar a abordagem do "Sujeito ou Sujeitado" em inúmeras falas e discussões que ocorreram em outras atividades.

Em minha longa vivência em RH, jamais havia presenciado tamanha rapidez na incorporação de um novo conceito ou modelo. Naquela mesma semana, julgando que aquela era uma abordagem que merecia e deveria ser compartilhada com o máximo de pessoas possível, passei a incentivar que ela escrevesse um livro com as experiências acumuladas ao longo de sua carreira.

Estou feliz por Marisa Urban poder compartilhar o que considero um conjunto de conceitos simples, mas bastante eficazes.

Certamente, a leitura deste livro provocará no leitor alguma reflexão e autocrítica, e acredito que os leitores com postura predominante de "Sujeito" terão muita dificuldade em aceitar passivamente a convivência com pessoas que apresentam predominantemente posturas de "Sujeitados". Ou tentarão ajudá-las a mudar ou as afastarão de sua convivência.

Selma Paschini

Introdução

Algumas perguntas e reflexões sobre diferentes posturas frente à vida.

Ao longo de minha vida, sempre me perguntava o porquê de caminhos e posturas tão diferentes nas pessoas.

Era muito fácil notar que as diferentes posturas frente às limitações definiam os resultados também diferentes: conquistas ou fracassos.

- Por que alguns ficam paralisados, não seguindo em frente?
- Por que alguns chegam lá? Por que caminhos tão diferentes?
- Por que alguns não colocam a culpa no outro?
- Por que alguns têm metas claras e as seguem?
- Por que alguns se sentem vítimas?
- Por que muitos reclamam?
- Por que alguns acham que tiveram má sorte para não falar em azar?
- Por que outros sempre têm sonhos e nada ou pouco realizam?
- Por que alguns comem pão com banana para poderem pagar sua faculdade?
- Por que alguns dormem apenas quatro ou cinco horas por dia para poderem trabalhar e estudar?
- Por que alguns nascem em uma família privilegiada economicamente e não chegam lá frequentando os melhores colégios, faculdade, inglês, francês, academia, natação e dança?
- Por que alguns são criados sem os pais naturais e viram o jogo?
- Por que alguns perderam suas mães no parto e fazem uma vida cheia de realizações?
- Por que alguns se drogam?
- Por que outros largam a bebida, sendo alcoólatras?
- Por que outros fazem música sem nunca a terem ouvido?
- Por que alguns pintam sem braços?
- Por que alguns reaprendem?
- Por que alguns enxergam obstáculos como oportunidades?
- Por que alguns não desistem?

- Por que outros se entregam?
- Por que outros superam as adversidades?
- Por que o mundo é um, e, para outros, nenhum?
- Por que alguns dão sua direção e outros são direcionados?
- Por que alguns reconhecem que sua forma de viver é apenas um paradigma e não uma verdade absoluta?
- Por que alguns vão e outros ficam?

O que se pretende neste livro é uma reflexão sobre as escolhas que fazemos em nossas vidas pessoal e profissional. Mais do que isso, um acordar frente à vida que se leva, que se faz, que se escolhe a cada momento, a cada situação.

Muitas vezes, nem sabemos, nem nos damos conta de que estamos dormindo... mesmo achando que nossa situação é de pura vigília.

Minha crença clara e reforçada ao longo de 23 anos de experiência no desenvolvimento de pessoas e organizações é que cada Ser Humano escolhe sua vida, fazendo-a, portanto, de acordo com suas escolhas. Duro, difícil ou não, cada um de nós é o timoneiro de sua embarcação, piloto de seu carro.

Não se trata de uma pesquisa mas sim, repetindo, de uma reflexão baseada na minha experiência.

Os indivíduos têm a capacidade de escolha, da liberdade. Mesmo que tenham uma origem ou história tradicionalmente dolorida e triste.

Podemos fazer nossas vidas. Alcançar nossos castelos. Precisamos querer e saber que depende de nós primeiramente. Nossa vida é nossa cara, é nossa escolha. É nossa disciplina ou preguiça.

A escolha ou preguiça é de cada um. O trabalho também. A constância ou não de propósitos também. A crença ou descrença também são individuais.

A carreira que queremos fazer, fazemos ou fizemos depende muito mais de nós do que do plano de carreira da empresa, do chefe, do RH ou da cultura da empresa. Quantas opções existem! Podemos criá-las, buscá-las e encontrá-las.

Ninguém nos prende a uma determinada situação, a um casamento, a um emprego, a uma profissão. O ser humano é livre para estar ou não, ficar ou mudar.

Nada nem ninguém nos prendeu a nada. Apenas nós podemos fazer nossas prisões.

A possibilidade de escolha para mudar o nosso futuro está em nossas mãos.

A Abordagem Sujeito ou Sujeitado

As diferentes posturas.

As diferentes posturas frente à vida

Esta abordagem de Sujeito ou Sujeitado foi desenvolvida com um objetivo claro de otimizar as mudanças das pessoas para superação de suas limitações e para otimizar o desenvolvimento das organizações. Isto significa mudanças de posturas das pessoas que determinam, de forma muito incisiva, a qualidade em processos variados nas vidas pessoal e profissional, assim como nos resultados alcançados.

Na verdade, o que se busca são pessoas com posturas de "Sujeito".

Mas o que seriam Posturas de Sujeito?

De uma forma cartesiana, pragmática e caricatural, costumo falar que o ser humano pode ter basicamente duas posturas diferentes de ser frente à realidade em que se encontra. São as posturas de sujeito ou de sujeitado.

Importante ressaltar que é a frequência de comportamentos que define estas posturas.

O "Sujeito" sabe que é livre e que, portanto, é capaz de fazer suas escolhas. Tem clareza de que é o timoneiro de sua vida, o construtor de seu "destino". Ou criador de sua "sorte" ou fracasso. Busca sempre o seu poder de ação, o que depende dele, o que ele pode fazer.

Por outro lado, o "Sujeitado" se sente preso, amarrado, e ainda considera que o outro o amarrou, não percebe que as amarras foram feitas por ele mesmo. Comumente se considera uma pessoa que não teve ou que não tem sorte. As pessoas com essa postura têm muita facilidade para atribuir a responsabilidade ao outro.

Ser Responsável é ser capaz de dar respostas frente ao que se lhe apresenta, independentemente de ter sido o causador ou não. É uma mudança de paradigma compreender que mesmo não tendo sido o causador pode e deve dar uma resposta àquilo que vê, presencia, ou àquilo com o qual se depara.

O "Sujeito" tem clareza de que sua responsabilidade é muito maior do que só sobre aquilo que faz ou fez e sim sobre o que pode ou poderá fazer sobre o que se lhe apresenta também. O "Sujeitado" nem conhece ou reconhece suas responsabilidades.

O "Sujeito" não reclama, pois reclamar é uma postura infantil. Re-clamar, o sufixo "clamar" significa chamar, pedir, e o prefixo "re", muitas vezes, repetidas vezes, novamente. Ele não chama o outro para lhe dar as respostas e sim vai atrás delas. Não se acha o centro ou o credor das ações do outro para resolver sua vida ou lhe dar as soluções.

É importante não confundir "não reclamar" com não se indignar. O "Sujeito" tem posturas de indignação e então usa seu senso de urgência para buscar as saídas e/ou soluções. Ele se indigna com aquilo que não é certo, não é ético, com aquilo que está errado, com os limites e obstáculos, mas não se paralisa. Age.

O Sujeito aceita a realidade, aceita os limites e os transforma por vontade própria. Dedica sua energia buscando e criando alternativas. Fazendo tudo que depende dele para mudar.

O Sujeitado, por outro lado, é um reclamão, buscando o tempo todo uma saída que seja dada e elaborada pelo outro. Chama, pede, busca que o salvem, que desenhem sua vida. Mesmo porque considera que não lhe cabe fazer isso, já que o outro e o mundo fazem e criam essa realidade em que vive. Sente-se uma vítima e tem certeza de que o é. Por isso chamar e "reclamar" tem muito sentido para ele. Reclama da realidade – reclama dos limites e os conserva. Tem a clara postura de vítima, de coitadinho.

O Sujeito não usa "Desculpas Verdadeiras", e para ilustrar o tema, baseio-me em uma história verídica que Paulo Gaudêncio conta em *Minhas Razões, tuas Razões – A Origem do Desamor* e em *Man at Work*.

Douglas Badder era um promissor piloto que viveu na Inglaterra. Desde criança seu sonho era voar. Ele faria qualquer coisa por isso, era seu sentido de vida. Enquanto seus colegas davam os primeiros voos, ele já ocupava um elevado posto na RAF.

Num belo dia de sol, em um voo rasante, Douglas não conseguiu controlar o avião e este caiu. Não morreu mas passou vários dias em coma. Quando acordou, recebeu a notícia de que havia perdido as duas pernas.

O que fariam se o sentido de suas vidas fosse voar e de repente não pudessem mais fazer isso?

Douglas se viu assim: um jovem tão promissor, aposentado precocemente, com um bom salário e sem futuro.

Mas ele não desistiu. Seu sonho agora era andar. O que fez então foi desenhar e mandar fazer duas pernas de alumínio, articuladas através de correias. Assim, reaprendeu a andar e quando saiu do hospital voltou a trabalhar. Mais, em seguida, voltou à RAF. Mais do que isso, voltou a pilotar.

Quando estourou a Segunda Guerra Mundial, ele quis voltar a ser piloto da RAF, para participar da luta de seu país contra o nazismo da Alemanha.

Douglas conseguiu voltar à RAF e participou da defesa aérea de Londres.

Mas ficar na defesa não era suficiente para ele. Tanto fez que conseguiu ir para a ofensiva na Alemanha. Lá, num bombardeio, seu avião foi abatido e ele ficou com as pernas presas nas ferragens, enquanto o avião caía.

O que fez? O que nenhum outro piloto poderia! Largou as pernas e pulou de paraquedas... "Seu azar foi sua sorte!"

Mas, caindo em território inimigo e sem poder correr, foi capturado e preso pelos alemães. Mesmo preso, continuava "lutando". Em função de tantas tentativas de fuga que realizou, foi considerado o prisioneiro de guerra que mais trabalho deu para a Alemanha. Assim, mantinha o inimigo ocupado em seu próprio território, impedindo-o de ir guerrear.

"Quando você tiver uma boa desculpa, não a use;
pois a pior desculpa do mundo é a desculpa verdadeira."

Paulo Gaudêncio

Se Douglas Badder usasse a "Desculpa Verdadeira" de não ter as duas pernas, poderia dizer que era um infeliz, uma pessoa azarada, poderia justificar ser alguém incapaz de poder amar, ou de voltar a trabalhar, poderia simplesmente ficar em uma cama e não mais trabalhar. Poderia se sentir uma grande vítima. Mas ele não a usou, embora tivesse a maior "Desculpa Verdadeira" do mundo.

Usar a "Desculpa Verdadeira" é ficar paralisado. É tentar se esconder atrás dela. É colocar-se na posição de vítima, de coitadinho. É ter justificativas para explicar as limitações, dificuldades e justificar seus fracassos ou baixas performances.

E Douglas Badder não usou sua "Desculpa Verdadeira", era um Sujeito.

O Sujeito teve e tem muitas "Desculpas Verdadeiras" para diversas situações, mas a beleza é que ele não as usa. Esta é uma questão fundamental na diferença de posturas entre Sujeito e Sujeitado.

O Sujeitado usa e abusa de suas "Desculpas Verdadeiras" como se elas fossem um escudo protetor, mas na realidade são motivos detonadores de insucessos e fracassos. Ele as usa como tentativa de retirar a sua responsabilidade frente às variadas situações.

É importante ressaltar que os Sujeitos não são super-homens. São mortais, cheios de defeitos e incompletudes. São humanos, mas que buscam o máximo do seu poder de ação para a superação dos limites que encontram ou têm.

A autocrítica do Sujeito é comumente maior do que a do Sujeitado, principalmente em relação a si. Limites para ele são desafios, são barras sempre mais elevadas. Busca de superação.

Existem alguns vídeos na Internet que demonstram a superação de diferentes limitações, das "Desculpas Verdadeiras", e num deles um casal faz uma apresentação de balé: ele, sem uma perna; ela, sem um braço. Esse emocionante vídeo expressa muito bem o que estamos discutindo. Eles não usaram suas "Desculpas Verdadeiras" e puderam ser bailarinos, mesmo sem uma perna e um braço.

"Desculpa Verdadeira" para Sujeitados é a desculpa da paralisia, e "Desculpa Verdadeira" para os Sujeitos é desafio para não uso e superação dela.

Esta abordagem Sujeito e Sujeitado favorece uma prática que propicia autoconhecimento consistente, escolha, mudança e, portanto, maior uso das potencialidades humanas.

Intrigante sempre foi perceber por que as pessoas andavam como andavam, seus caminhos e os resultados que advinham dessa forma de andar. Basta estudar um pouco as biografias de algumas pessoas. Muito raramente as pessoas chegaram aonde chegaram, ao acaso. São escolhas feitas o tempo todo, escolhas e suor.

O Sujeito olha para a frente, foca-se no futuro, para o que ele pode fazer, mesmo porque as "Desculpas Verdadeiras" estão comumente no passado e no presente. Desta forma, ele aumenta seu poder de ação.

Só os Sujeitados estão prontos para colocar as desculpas nos três tempos: passado, presente e futuro. Mais do que isso, alguns Sujeitados são profundamente eficientes para elaborar e dar não só para si, como para os outros, "Desculpas Verdadeiras". Esses são os pós-doutorados em uso de "DV" nos três tempos.

Seguem abaixo sínteses que caracteriza bem o "Sujeito" e o "Sujeitado":

SUJEITO

- ▶ Foca-se no futuro.
- ▶ Age, faz escolha.
- ▶ Não reclama.
- ▶ Não espera acontecer.
- ▶ Toma iniciativa, cria alternativa e possibilidades.
- ▶ É responsável.
- ▶ Não usa Desculpas Verdadeiras.
- ▶ Foca-se no seu poder de ação, no que pode e tem que ser feito.

SUJEITADO

- ▶ Não reconhece suas responsabilidades.
- ▶ Usa e abusa das Desculpas Verdadeiras.
- ▶ Tem explicação para tudo.
- ▶ Vive se justificando.
- ▶ Culpa o outro.
- ▶ Sente-se vítima, prisioneiro e sem saídas.
- ▶ É um reclamão.

As Histórias de João e José

4

A visão de mundo, as crenças, os valores e paradigmas independem de tempo, localização geográfica, raça, credo ou origem social.

As importantes e grandes oportunidades de Prestação de Serviços de Consultoria na concepção, desenvolvimento, facilitação na implementação da Cultura Organizacional desejada em empresas clientes proporcionaram uma riqueza muito grande para a "identificação e coleta de claros exemplos do que é ter uma postura de Sujeito ou de Sujeitado.

Nesses projetos, todo o processo seletivo também era de nossa responsabilidade, pois visávamos acelerar as referidas mudanças culturais, à medida que identificássemos pessoas com posturas de Sujeito e com valores pessoais alinhados aos das culturas desejadas.

Assim, foram feitas muitas entrevistas, algo em torno de 5.000. Este número refere-se àquelas que fiz pessoalmente.

Foram oportunidades para que eu conhecesse vários Joãos e Josés nesse diverso processo de Desenvolvimento Organizacional.

Vou começar por um dos Josés:

José nasceu em uma pequena cidade de 4.500 habitantes e lá morava. "Roça" era o nome que ele dava para o local nessa zona rural.

Seu avô trabalhou a vida toda na "Roça", desde muito pequeno, mais especificamente tirando seu sustento de um pequeno pedaço de terra que tinha e onde vivia.

Plantava alguns pés de café, colhia e vendia algumas sacas, isso quando o clima ajudava e não tinha uma perda com geada. Tinha uma hortinha, umas galinhas, e plantava feijão para seu sustento.

A vida de José era muito simples. Seu pai não conseguiu crescer, aumentar sua terra, aumentar seu faturamento. Viu que seu avô teve essa vida, a mesma que seu pai estava tendo e, portanto, a que também teria em seu futuro. Dizia que a vida era assim mesmo.

E José não estudou além da 4ª série, porque a escola era muito distante, tinha que andar uns cinco quilômetros para chegar até lá, e também dizia não ter condições de comprar um tênis, só chinelo. Outro fator era o lanche, tão difícil para ele ter, e se o tivesse, teria que carregar, e se o carregasse, poderia estragar devido ao sol; em dia de chuva, era um barro só. Dizia que era difícil dormir tarde e acordar tão cedo no outro dia para trabalhar pesado com o pai. Outro motivo que colocava muitas vezes, era que seu pai não gostava dessas coisas de estudo. Para ele era bobagem, perda de tempo.

Sentia-se um coitado tendo que trabalhar muito e com pouco a receber em troca. Estudar era muito difícil. Dizia que a vida era assim mesmo e que estava tentando viver.

Estava com 18 anos e com a 4ª série concluída. Mas na verdade mal podia ler, assistir a um filme legendado, não o podia acompanhar, precisava de mais tempo. Não tinha prática na leitura. Fazia muito tempo que havia parado de estudar.

Ele se achava uma pessoa sem sorte e nada iluminado por Deus. Falava que algumas pessoas nascem com sorte, o que, infelizmente, não era o caso dele.

Achava que nasceu para sofrer, para viver a vida como Deus lhe deu.

Ainda assim, conseguiu guardar um dinheirinho na poupança, e certa vez, passando na frente de uma loja no centro de sua cidade, deparou-se com o seguinte slogan: **compre sua moto mesmo sem $!** Não resistiu e entrou na loja.

Um vendedor muito atencioso o atendeu, explicou em detalhes a forma de pagamento em 70 meses e mostrou-lhe todas as vantagens daquela reluzente moto. Ainda assim, falou que não tinha habilitação. O vendedor o tranquilizou dizendo que isso era muito fácil de se conseguir, e ele saiu da loja com a moto e uma dívida.

Com sua nova moto, ainda com muito a pagar, decidiu por não gastar mais fazendo um seguro.

Dizia que, como havia pouca fiscalização na cidade, estava sossegado e que não teria problemas com isso, achando muito improvável que pudesse ser abordado por policiais. Decidiu arriscar.

E se deu mal.

Estava voltando de um passeio com sua moto quando foi solicitado a parar pelos policiais militares. Habilitação não tinha, muito menos seguro da moto. Resultado: sua moto foi apreendida. Voltou para casa a pé e cabisbaixo. Aí teve certeza de que era um cara azarado. E reclamava dizendo que o guarda foi muito severo com ele e que a sorte nunca esteve a seu lado.

Dizia que não conseguia um bom emprego porque ninguém lhe dava chance de começar. Fez uma entrevista com uma psicóloga na cidade vizinha e foi reprovado, mas não entendia o porquê disso.

Tinha a certeza de que era um cara fadado à infelicidade.

Cercou-se de dívidas e como faria para recuperar sua moto? E para conseguir sua Carteira de Habilitação?

Dizia que um dos maiores culpados pela situação dele era seu pai, que não o deixou estudar, que o segurou na roça por tanto tempo que trabalhou demais lá, quase como um escravo.

Agora vamos a uma história de um dos Joãos:

João também vivia na "Roça", em um pequeno pedaço de terra que foi de seu avô e que seu pai herdou. Era na mesma zona rural onde José vivia.

Sabia que seu avô e seu pai não mudaram de vida, mesmo trabalhando arduamente de sol a sol, e por duas gerações era sempre aquela situação de muita escassez. No mesmo pequeno sítio, com as mesmas coisas, sempre plantando e vendendo um pouco de café e feijão, com uma pequena horta e galinhas para consumo.

Ele ajudava seu pai desde pequeno, pois via o sacrifício dele para conseguir sustentar a família. Via que seu pai era ainda novo, tinha 40 anos, mas já tinha uma expressão cansada e muito castigada pelo sol.

E João decidiu que não queria esse futuro para ele, que faria diferente.

Assim, quando tinha 11 anos, foi fazer sua 5ª série em uma escola a 5 km de sua casa. A primeira coisa que fez foi trabalhar em uma feira aos domingos, dia de folga que não trabalhava com seu pai, para comprar um tênis e poder ir para a escola mais rapidamente e com mais conforto. E também porque não queria mexer no dinheirinho dele que economizava e que pedia para seu pai guardar.

Como tinha que deixar o trabalho uma hora antes para ir à escola, resolveu acordar uma hora mais cedo para não diminuir sua ajuda na contribuição do sustento da família.

E assim concluiu o ensino fundamental e médio. Conversou com o pai, dizendo que iria para a cidade vizinha, que tinha uma grande fábrica, para tentar arrumar um emprego e fazer uma faculdade. O pai não o apoiava nesse assunto de escola, de estudo, e disse-lhe que não poderia ajudá-lo com dinheiro. João falou-lhe que não contava com isso, e por este motivo tinha feito um pezinho-de-meia durante todos estes anos.

Foi para a cidade, arrumou um emprego de operador de produção, juntou-se a uns conhecidos e fizeram uma república bem simples com fogão, duas panelas, copos, pratos, talheres e um colchão para cada. Pronto, já estava vivendo na cidade, empregado e esperando o resultado do vestibular.

Entrou para o curso de Engenharia e conseguiu 70% da bolsa de estudo. Hoje, está na empresa há cinco anos e é coordenador da Produção. Não paga mais aluguel, pois construiu sua casa e mora nela.

Qual a diferença fundamental entre João e José?

As diferentes maneiras ao lidar com, praticamente, as mesmas realidades em que estavam inseridos. As diferentes posturas frente ao que lhes foi dado, frente às limitações e aos usos das "Desculpas Verdadeiras" ou não.

É uma questão primeiramente de ESCOLHA! A diferença dar-se-á à medida que escolhemos adotar uma postura de Sujeito ou de Sujeitado.

Escolhas 5

Uma das definições de "loucura" mais impactante e ilustrativa para mim, é a incapacidade de escolha.

*T*odos nós conhecemos muitas pessoas que dizem estar fazendo coisas que são obrigadas a fazer, algumas que dizem não ter saída ou, até mesmo, fizeram ou fazem determinada coisa porque não depende delas qualquer mudança ou alteração da situação.

São situações como um emprego onde dizem que o chefe é muito autoritário e não conseguem colocar suas opiniões, atribuem ao RH sua situação na carreira, aos supostos benefícios péssimos, às ferramentas de baixa qualidade, aos recursos que dizem ser escassos... mas continuam na empresa, e reclamando.

Outras, quando um casamento está acabado, não mais vivem juntas e não conseguem se separar, pois dizem que terão que pagar a escola dos filhos, entre outras muitas contas, vender a casa para arrumar dois apartamentos, pela pensão que será baixa, ou pelo suposto padrão de vida que cairá muito. E estão infelizes.

É a permanência em um trabalho enfadonho em uma empresa com práticas com as quais não coaduna, mas lá permanece alegando o fato de ter que sustentar os filhos.

Um jantar ao qual não quer ir, mas alega que é obrigado pois, senão, a sogra que o convidou não o perdoaria.

Um policial que diz que teve que matar, pois não havia outra saída, já que o mandaram assim fazer.

Um atraso a um compromisso, mas pelo trânsito que o impediu de chegar no horário marcado, mesmo já conhecendo a situação em que se encontra o tráfego no local.

Um curso de inglês que nunca consegue acabar, pois tem que trabalhar até tarde ou por ter que viajar a trabalho. Outra fala importante: eu tenho dificuldade com línguas.

Um relatório que não foi possível concluir porque a área tal não entregou os dados necessários. E diz também que sua parte foi feita, que nada podia fazer frente a essa situação.

Uma apresentação que não será feita porque acabou a energia elétrica ontem, enquanto a preparava, e por isso não conseguiu terminá-la. Uma entrega que não chegou na data combinada, pois seu fornecedor não a entregou a tempo.

Muitas e muitas situações, falas, argumentos, posturas, comportamentos trazem a tentativa de se isentar da própria responsabilidade. Como se nada pudessem fazer e sim que os outros deviam ou poderiam ter feito. Falas que põem a culpa e a responsabilidade no outro, isentando-se das suas. Falas que o colocam como vítima. Falas de valorização das "Desculpas Verdadeiras".

Essa valorização também depende das escolhas de cada um.

Afinal, quem tem o poder? O poder de fazer ou não fazer? O poder de escolher o que fazer? Tudo depende de foco, das escolhas.

Segue abaixo um quadro que mostra o que acontece quando se foca no seu próprio poder ou nas Desculpas Verdadeiras:

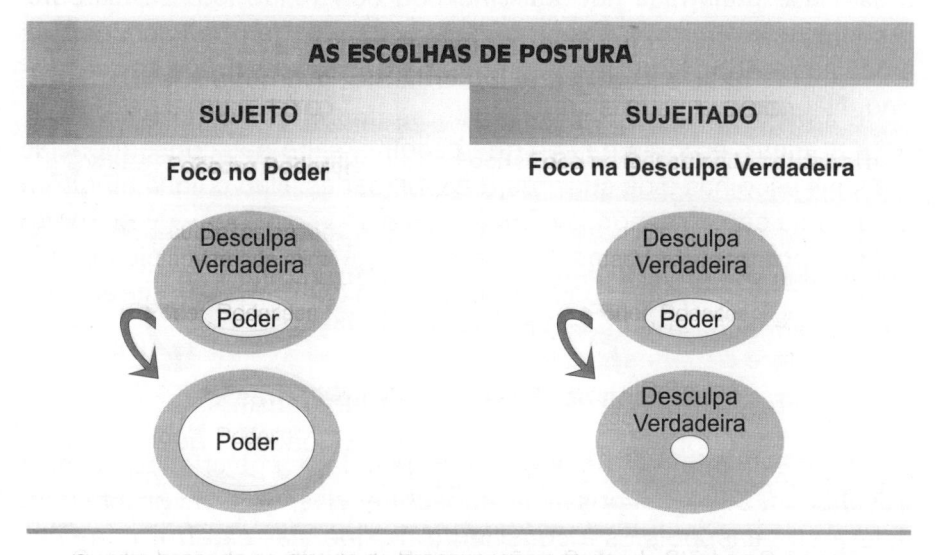

AS ESCOLHAS DE POSTURA

SUJEITO	SUJEITADO
Foco no Poder	Foco na Desculpa Verdadeira
Desculpa Verdadeira (Poder) → Poder	Desculpa Verdadeira (Poder) → Desculpa Verdadeira

Quadro baseado no Círculo de Preocupação e Poder de Stephen Covey em "Os 7 hábitos das pessoas altamente eficazes".

Falas como alguém que foi obrigado a ficar ou sair, mandado a fazer, impedido de acontecer, definido a ser, moldurado a acontecer, sem sorte de ser, limitado a crescer, coitado! Um coitado digno de pena, de compaixão, de compreensão, de ajuda... estamos novamente falando do Sujeitado e de suas Desculpas Verdadeiras paralisantes.

O Sujeitado escolhe também, mas está longe de saber e de admitir que foi sua escolha. Acha que foi obrigado, que não tinha uma única saída. Não se percebe escolhendo, pois tem dificuldade de autocrítica, diz mais uma vez que foi obrigado. Também acha sempre que não teve ou não tem sorte. Que o mundo não conspira a seu favor. Não reconhece que sua vida está sendo desenhada pelas suas escolhas não assumidas como suas.

A possibilidade de escolha existe só para o ser humano. Nenhum animal é capaz de escolher. Uma das definições de sanidade é: "a capacidade de escolha". Mas escolher é caro, pois pressupõe responsabilidade. Ser capaz de responder. E responder dá trabalho e gasto de energia.

Aí fica mais fácil não escolher, ou achar que não se escolhe. Achar que é obrigado. Que o mundo conspirou contra você, ou que você é azarado. Aliás, a certeza de que nunca teve muita sorte mesmo. Não nasceu virado para a lua.

O Sujeito escolhe e sabe que escolhe, sabe das consequências de suas escolhas e de suas responsabilidades. Não coloca ninguém nem nada como responsável pelo que está vivendo ou viveu, muito menos por suas escolhas. Para o Sujeito, é claro que foi ele que fez a escolha. Não a joga para ninguém e para nenhuma das circunstâncias ou situações onde está inserido.

Não usa as "Desculpas Verdadeiras".

A pessoa que tem posturas de Sujeito faz e age criando ações e resultados. Sabe das possíveis consequências, estando pronta para lidar com elas, pois está consciente de que elas são fruto de suas escolhas. Mesmo que erre.

As Diferentes Perspectivas Vencedoras

A vitória se dá na superação dos próprios limites.

As Posturas Vencedoras

Conheço várias pessoas que não são, necessariamente, "celebridades", portanto, mesmo não aparecendo em jornais, revistas e TVs ou outras que não conquistaram os cargos mais altos das organizações, ou que não são campeãs mundiais, mas alcançaram vitórias pessoais ou profissionais quando superaram suas próprias limitações ou aquelas com as quais se depararam.

Chamo aqui de Posturas Vencedoras:

1) *A aceitação e a convivência sadia com limites que estão fora do alcance de se modificar, que estão fora do controle das pessoas, fora, portanto, do poder de ação modificadora. Limites que são "dados" e postos. Aqueles que não podem ser modificados.*

Por exemplo: o país onde se nasce, a língua nativa, a família e os pais que têm ou tiveram, a riqueza ou pobreza da família, a cor da pele e dos olhos, o sexo de nascimento, a altura, a beleza ou não, o nascimento com necessidades especiais ou não, o aparecimento de uma doença mental, a morte de pessoas importantes e especiais, a morte de sua mãe em seu nascimento, o suicídio de seu ente querido, quer seja seu pai, mãe, irmão, cônjuge, filho.

2) *O modo de "lidar" com as situações "dadas" e fora do limite de controle ou transformação e a otimização de mudanças de todas as outras situações que estão totalmente no poder de ação daqueles que se propõem a ser Sujeitos de seus caminhos e cursos. Aquelas que dependam somente do comportamento que a pessoa escolhe para modificar a situação.*

Exemplos: Mudar de empresa se não estiver como acha que deveria estar na sua carreira. Dedicar-se para desenvolver determinada competência, sair de uma relação em que se sente oprimido, explorado, lesado ou traído, mudar seu jeito na maneira de se relacionar com o filho, liderado, pai, chefe, esposa, marido, amigo, enfim. Parar de reclamar sobre o que lhe aconteceu. Não usar as "Desculpas Verdadeiras" para tentar amenizar suas baixas performances ou desorganização.

Parar de colocar a culpa no outro pela sua infelicidade e sofrimento. Não se sentir um azarado ou coitadinho. Não entrar no sentimento de vítima. Agir usando toda sua força, mesmo que ainda desconhecida, para mudar, em você primeiramente, comportamentos não alavancadores de sucesso para aqueles alavancadores. Ter coragem de arriscar, ousando. Entender que sua vida depende de você e considerando os "dados" não modificáveis.

O tipo de postura ou comportamento que se adota em relação aos pré-dados e aos não modificáveis e a maneira de "lidar" com a realidade modificável, ou realidades possíveis de alteração do "lidar", definiram essas pessoas comuns a serem exemplos de sucesso:

- Diretores de escola.
- Cientistas.
- Donas de casa.
- Gerentes.
- Diretores.
- Vice-presidentes e presidentes de empresas.
- Pedagogos.
- Dentistas.
- Engenheiros.
- Pintores de casas.
- Biólogos.
- Jornalistas.
- Advogados.
- Assistentes sociais.
- Músicos.
- Artistas plásticos.
- Policiais militares.

- Bancários.
- Religiosos.
- Médicos.
- Professores de Química, História, Geografia, Educação Física.
- Veterinários.
- Psicólogos.
- Administradores.
- Jardineiros.
- Costureiros.
- Operadores de produção.
- Economistas.
- Editores etc.

Algumas breves situações de vida pautadas em escolhas para a superação de seus limites, restrições, obstáculos, dificuldades, perdas e dores.

Histórias de Sujeitos:

Algumas filhas mais velhas de 18 e 17 anos perderam pais e mães em um período de quatro dias e, ainda assim, assumiram a responsabilidade de criar seus sete irmãos mais novos em uma pequena cidade do interior de São Paulo com coragem e sem reclamação. A alegria era poder compartilhar esse feito com simplicidade. Elas conquistaram o lugar de avós mesmo sem nunca terem tido um companheiro, sendo solteiras e virgens até suas mortes, mas criando também dois sobrinhos como filhos, pois sua irmã faleceu muito cedo, deixando os dois filhos. Foram inspetoras de alunos, costureiras, professoras e advogadas.

Outros que decidiram aos 11 anos de idade, para ter algum dinheiro, trabalhar no cemitério de sua cidade no interior de Minas Gerais, lavando lápides, cuidando das flores dos vasos, tirando as folhas mortas e regando-as com a água carregada em baldes de uma torneira muito distante. Dia de Finados, das Mães e dos Pais eram os que rendiam bastante e eram esperados por todo o ano. Esses são presidentes de empresas multinacionais.

Muitos que aos 21 anos conseguiram ter suas simples, mas próprias casas, tendo começado a trabalhar aos 14 anos, para poderem amparar seus pais que tanto se dedicaram, embora sem poderem ter seu próprio teto. Esses são vice-presidentes de organizações e operários.

Outros que deixaram seu filho primogênito na Zona Sul da cidade de São Paulo com a avó durante toda a semana, para poderem trabalhar no Centro da cidade e também para poderem concluir seus cursos universitários e para custear a formação escolar de seus filhos até a faculdade. Eles hoje têm mais de 80 anos, quatro filhos e oito netos. São aposentados assistentes sociais e bancários com uma vida financeira tranquila.

Alguns que perderam suas mães aos três anos e cinco meses e foram criados por tias voluntárias, ciumentas e abnegadas. Hoje são pessoas que cumpriram seus papéis como pais e maridos. Tornaram-se músicos e maestros.

Muitos que saíram do sul do país e de seus trabalhos na agricultura para que pudessem, pelo menos, tomar banho quente e utilizar um banheiro fechado e para que seus filhos pudessem ter a oportunidade de conhecer uma escova e pasta de dentes. Essas são pessoas que têm suas casas terminadas, escrevem bem, sabem de tudo que acontece no mundo. São empregados domésticos, pintores de parede e jardineiros.

Outros que batalharam para conseguir uma bolsa do governo e, assim, concluíram seus cursos universitários noturnos trabalhando o dia inteiro e sustentando suas mães. E para darem conta das distâncias entre trabalho e faculdade, compraram uma moto CG 125 usada para alcançar seus compromissos sem atraso em função do tempo escasso para locomoção. Estes fizeram carreiras brilhantes no mundo corporativo.

Vários que dormiam apenas quatro horas e meia por noite para estudar e trabalhar muito distante de suas moradias e construíram suas famílias com seus três filhos, dando os melhores exemplos, mas infelizmente não estão mais com a gente. Foram-se muito jovens. Eram supervisores de produção.

Alguns que, durante seu primeiro estágio de quatro horas, além de sua faculdade de Administração, faziam um segundo curso universitário; Propaganda e Marketing simultaneamente. E como as despesas próprias eram por sua conta, continuaram sem carro até serem efetivados como trainees. Hoje, são presidentes de empresas.

Muitas mulheres que, sem seus supostos cônjuges, criaram sozinhas e silenciosamente, com a máxima dedicação, seus três filhos. Elas já se foram e deixaram brilhantes filhos.

Outros decidiram, com o dinheiro que ganhavam em seus empregos de estagiários e com suas economias, lançar-se em uma precoce vivência internacional, mesmo tendo uma origem muito simples. Foram para a França também para buscar fluência na língua francesa. Esses são empresários hoje.

Alguns que nasceram em berço esplêndido aproveitaram todas as oportunidades que tiveram, sem cair, portanto, em algum tipo de acomodação. Dedicaram-se totalmente aos seus estudos, respondendo às suas responsabilidades. Foram alunos e profissionais brilhantes que não usaram a fortuna da família como desculpa para não terem uma profissão ou para não trabalharem. Foram buscar seu próprio sustento. Hoje, são doutores e professores universitários.

Outros sem ascendência conhecida além de seus pais e mães, e dando aulas aos 12 anos na garagem de seus vizinhos para distrair os filhos de mães que precisavam trabalhar e, a partir daí, já guardavam seu dinheirinho pensando no futuro. Eles são executivos da área financeira.

Alguns que, desde crianças, já queriam ter uma casa própria e sonhavam em trabalhar o quanto antes, pois viam e sabiam da dor de seus pais desesperados frente aos muitos riscos de despejos sem maiores senões, já que, muitas vezes, não conseguiam pagar o aluguel sem atraso. Alguns deles são empresários da construção civil.

Muitos que, além de seu estágio, vendiam cosméticos e faziam traduções a duras penas do inglês para o português para bancar suas faculdades. Hoje, são donos de franquias.

Outras que foram fazer sua faculdade de pedagogia aos 36 anos e com quatro filhos, estudando de madrugada, horário que todos os filhos dormiam. Algumas delas se aposentaram como diretoras de escola e são avós, com suas vidas calmas e tranquilas.

Alguns que não dominavam a língua inglesa e, já que dela dependiam, se esforçaram no estudo da língua. Vários foram responsáveis por "n" países em seus cargos de executivos globais.

Muitos analfabetos que viajaram para São Paulo ou Rio de Janeiro saídos do nordeste do nosso país, e depois de 20 anos têm suas casas próprias, mais do que isso, casas que deram para seus filhos e não lhes falta emprego até hoje de tão procurados que são. Hoje, são nossos empreiteiros maravilhosos.

Outros que foram abandonados por suas mães, jogados no lixo, encontrados, desejados e recebidos por outra família. Cresceram e estão fortes. Hoje, são publicitários e médicos felizes.

Muitos que perderam seus filhos ainda crianças e decidiram por viver, por não buscar um sentimento de "dó" deles mesmos ou uma condição de vítima. São pais desbravadores, além de profissionais bem-sucedidos.

Alguns bebês que perderam as mães praticamente no nascimento, aos quatro dias de vida. E não tiveram seu pai na criação, mas uma nova família construída por seus tios. Levantaram-se, criaram seus três filhos, são atuantes profissionalmente. São advogados.

Algumas pessoas que nasceram com um problema congênito na vista e nunca enxergaram a luz. Não por isso deixaram de estudar até concluir a faculdade. Não soube se fizeram alguma pósgraduação. Elas casaram-se com engenheiros e tiveram um filho, até quando eu tive notícias. São psicólogas.

Alguns extremamente tímidos e com relativa gagueira são convidados para dar uma palestra para mais de mil pessoas. Prepararam suas apresentações, fizeram seus treinamentos individuais e enfrentaram a nova situação com coragem. Hoje, são palestrantes reconhecidos internacionalmente.

Outras que tiveram um acidente seríssimo e que ficaram praticamente um ano em coma, e, quando voltaram, tiveram a notícia de que tinham perdido as duas pernas. Ficaram felizes por descobrir que não perderam as duas filhas.

Alguns que tinham pais alcoólatras, suas mães tinham morrido deixando mais dois irmãos, quando tinham cinco anos. Foram praticamente criados na rua. Hoje, são pessoas idôneas, concluíram a faculdade e são policiais do COE de São Paulo. Já casaram e têm duas filhas e apartamento próprio.

Conheço, conheci, convivi ou convivo com alguns dos exemplos citados anteriormente. São pessoas com quem tive oportunidade de encontrar ao longo de minha vida pessoal e profissional. Essas pessoas existem e serão reconhecidas pelo leitor ao longo do texto onde descrevo as diferentes posturas de Sujeito. É altamente gratificante poder ter convivido e conviver com tantos seres humanos que apresentam ou apresentaram essa postura ao longo de suas vidas.

As Posturas de Sujeito e de Sujeitado no Contexto do Ambiente de Negócios

7

O elevado nível de transformação no ambiente de negócios e a velocidade como as mudanças ocorrem exigem das empresas a contínua preocupação com a melhoria de sua competitividade. No contexto atual, apenas as organizações altamente performantes poderão assegurar vantagem competitiva para se manter no mercado.

Porém, por mais que as empresas invistam em sistemas, equipamentos, tecnologia, melhoria de processos e de insumos, por mais que desenhem modelos estratégicos inovadores e disponham dos recursos financeiros necessários para o gerenciamento do negócio, por mais que detenham posições relevantes nos mercados em que atuam, oferecendo um diferenciado portfólio de produtos ou serviços, elas precisam e dependem de pessoas para fazer o negócio acontecer.

Afinal, são as pessoas que fabricam os produtos ou entregam os serviços. São as pessoas que operam os sistemas, os equipamentos, os processos. São as pessoas que atendem os clientes e entendem suas demandas. São as pessoas que dão vida à estratégia de negócio.

Todo empresário, todo executivo ou gestor têm consciência de sua dependência do trabalho e do bom desempenho das pessoas.

Afirmar que as pessoas representam uma "poderosa vantagem competitiva" para as empresas deixou de ser um jargão. Atualmente, não há qualquer dúvida sobre o que representa para uma empresa poder contar com um grupo de colaboradores talentosos, comprometidos, preparados, motivados e engajados com os objetivos da organização.

Há alguns anos o tema "Atração e Retenção de Talentos" consta na agenda de quase todos os principais executivos corporativos. Todos estão buscando a mesma coisa: assegurar a quantidade e a qualidade dos recursos humanos que necessitam para a consecução da estratégia de negócio.

Mas, se todos estão buscando a mesma coisa (os tais talentos), então segundo a lei da oferta e da demanda, estes talentos irão desaparecer e passarão a custar muito caro, como de fato já está ocorrendo.

Por outro lado, é importante definir claramente o que significa talento. Em nossa empresa, na Human Capital, o entendimento de talento não é traduzido apenas com base no histórico escolar e profissional de um indivíduo, não está relacionado ao seu QI ou ao número de idiomas estrangeiros que ele domina.

Utilizamos a definição abaixo para nos referirmos a Talento e a aplicamos em todos os níveis da organização, pois acreditamos que existem operadores talentosos, vendedores talentosos, secretárias talentosas. Assim como existem gerentes, diretores e CEOs talentosos.

Equipes de Alta Performance são Formadas por Talentos.

DEFINIÇÃO DE TALENTO

Talento = PC + HA + VI + MP + TP

PC = Performance contínua
HA = Habilidades e aptidões
VI = Valores individuais
MP = Motivação pessoal
TP = Traços de personalidade

Esta é a fórmula que distingue os talentos que fazem a diferença em qualquer organização em que atuam. A identificação dos talentos deve levar em consideração as cinco variáveis que compõem a fórmula acima.

Ao avaliar domínio de idiomas, formação, experiência profissional, exposição internacional etc., estamos avaliando apenas as áreas de conhecimento e de domínio técnico do profissional. Não estamos levando em consideração os verdadeiros drivers motivacionais da pessoa. Não temos como inferir sobre seu modelo mental ou sobre seus valores individuais. Nada sabemos acerca de sua personalidade.

É exatamente nesse contexto, caro leitor, que é considerado tudo o que foi discutido anteriormente sobre posturas de Sujeito e de Sujeitado e que poderá instrumentalizá-lo para aumentar sua capacidade, como gestor, de identificar os "Sujeitos", otimizando sua ação na atração, identificação e retenção de talentos.

Três das cinco variáveis da fórmula estão diretamente relacionadas com a abordagem de Sujeito ou Sujeitado:

- Valores Individuais: quais são os valores e as crenças do indivíduo, no que ele acredita, qual seu modelo mental.
- Motivação Pessoal: diz respeito aos motivos que são significativos para o indivíduo, o que o move, o que o mantém em ação.
- Traços de Personalidade: quais são os traços de personalidade do indivíduo relevantes para esta ou aquela posição.

Ao desenvolver sua capacidade de identificar Sujeitos, você:

- minimiza os erros de seleção: evitando contratar Sujeitados;
- minimiza os erros de promoção: deixando de promover Sujeitados que rapidamente se mostrarão ineficazes;
- aumenta sua capacidade de desenvolvimento da equipe: os Sujeitos são mais receptivos às mudanças e têm mais humildade e abertura para aprender;
- melhora o clima organizacional: mantendo mais pessoas voltadas para a busca de soluções e menos centradas em queixas, reclamações e justificativas;
- melhora a produtividade: dispondo de uma equipe focada na ação e na superação.

A questão da produtividade representa um constante desafio para as empresas de todos os setores. A busca contínua de melhoria dos níveis de Efetividade Operacional tem estado entre as prioridades dos profissionais não apenas da produção, mas também daqueles que atuam nas áreas administrativas.

IDENTIFICANDO E LIDERANDO TALENTOS

8

Atrair e reter profissionais com ótima formação e elevado potencial intelectual não asseguram a obtenção de Talentos.

Alguns gestores apresentam dificuldades para estabelecer uma correlação mais direta entre o nível de desempenho dos membros de sua equipe e os resultados apresentados pela área sob sua supervisão, ou seja, de seu próprio desempenho enquanto gestor.

Em alguns casos, o baixo desempenho não é percebido pelo gestor. Muitas vezes, o gestor reconhece as limitações de desempenho dos funcionários, mas, por motivos diversos, tolera o baixo desempenho. Os motivos mais comuns para a tolerância estão relacionados ao excesso de paternalismo, o que não é uma prática saudável nem para a empresa nem para o funcionário, e muito menos para o próprio gestor.

Felizmente, a grande maioria dos gestores tem consciência deste quadro e de suas consequências e busca assegurar a construção de um time de Sujeitos, mesclando Talentos e Agregadores em sua equipe.

Nunca se falou tanto no mundo corporativo sobre a importância dos Talentos quanto se tem falado na última década. Mas esse não é um tema novo. Quando era estagiária da Rhodia, em meados dos anos 1980, atuava na área de Seleção de Pessoal e dedicava boa parte de meu tempo e energia na busca de jovens talentosos para os Programas de Estagiários e de trainees da empresa.

O interessante a observar quando o assunto é a busca do jovem talento, é que absolutamente nada mudou no perfil ideal do jovem trainee ao longo destes 20 anos. O candidato ideal que a Rhodia buscava em 1987 teria, basicamente, as seguintes qualificações:

- Formação superior em escola de 1ª linha (USP, ITA, PUC, FGV e similares).
- Domínio do idioma inglês.
- Preferencialmente, alguma exposição internacional (estágio, estudos, moradia).
- Alta capacidade de relacionamento interpessoal.
- Elevado potencial intelectual (demonstrado por meio de testes específicos).

Nossos atuais clientes relatam pré-requisitos e processos de seleção bastante similares àqueles adotados pela Rhodia. No entanto, a questão da cultura organizacional era muito pouco discutida naquela época. Era considerada irrelevante a análise do alinhamento do candidato, seus valores e crenças individuais, à cultura da organização.

Com o passar dos anos, observa-se que muitos daqueles "jovens talentosos" mal conseguiram atingir posições de nível gerencial. Não realizaram o potencial empreendedor, estratégico ou de liderança que era esperado. Contar com educação formal sólida e de qualidade não garante o sucesso na carreira.

É preciso mais do que isto, é preciso que o jovem profissional apresente, continuamente, uma postura de Sujeito, conforme já descrito.

Optei por ilustrar o conceito com o exemplo do jovem trainee, mas ele se aplica aos profissionais mais seniores que ocupam posições executivas nas organizações. A grande diferença, neste caso, é que o executivo sênior conta com vários anos de experiência e um histórico de carreira já realizado. Porém, a questão da sua postura frente à vida, seu modelo mental, seus paradigmas, seus valores e crenças farão toda a diferença em seu desempenho na organização.

Quero, neste capítulo, diferenciar o verdadeiro "Talento" daquele indivíduo que apresenta uma educação formal impecável ou uma longa experiência profissional.

No quadro abaixo, tomamos duas variáveis: potencial intelectual e postura de Sujeito ou de Sujeitado.

QUAL O PERFIL DOS TALENTOS?		
Alto Potencial	DESAGREGADOR	TALENTO
Baixo Potencial	PESO MORTO	AGREGADOR
	Posturas de Sujeitado	Posturas de Sujeito

Vou iniciar pela descrição do que denomino peso morto e está caracterizado por apresentar potencial intelectual em linha com a posição ocupada e apresenta postura de Sujeitado de forma consistente.

Algumas Características e Comportamentos Típicos do Peso Morto

- Reclama muito. Na maioria das vezes de forma velada.
- Tem uma atitude de espera.
- Muita facilidade para se sentir e se colocar como vítima.
- Por ser menos articulador, interfere menos no ambiente.
- Exerce menor influência sobre os colegas pelo fato de ter liderança intelectual menos destacada.
- Culpa os outros pelos seus erros e insucessos.
- Não tem visão sistêmica.
- Usa Desculpas Verdadeiras menos sofisticadas.
- Espera que alguém o motive.
- Espera que alguém traga a solução.
- Não toma iniciativas.
- Não assume responsabilidades.

De modo geral, esses indivíduos apresentam desempenho consistentemente abaixo do esperado. Como não representam ameaça ou sombra para seus colegas ou supervisores, são muitas vezes tolerados. Eles se "disfarçam" com suas desgraças e vitimação.

O perfil peso morto certamente ficará numa posição de maior exposição e risco em situações que possam envolver redução de custos, reestruturação ou corte, de pessoal. Em situações como essas, os colegas tendem a ser menos tolerantes, pois necessitam salvaguardar seus próprios empregos, e os gestores paternalistas encontram na necessidade de corte a Desculpa Verdadeira que precisavam para justificar a difícil e delicada decisão.

A manutenção de indivíduos de perfil peso morto na equipe gera várias consequências negativas, tais como:

- Alguns membros da equipe ficam inclinados a trabalhar menos, pois o gestor não cobra desempenho de todos os colegas.
- Sentimento de injustiça, entendendo que o gestor usa critérios diferentes para avaliar o desempenho dos membros do time.
- Comprometimento dos resultados coletivos da equipe, pois o peso morto não desempenha seu trabalho no nível esperado.
- As pessoas trabalham e entregam por ele.
- Custo agregado sem a contrapartida em resultados.
- Imagem de gestor tolerante frente ao seu chefe e aos seus colegas.
- Impactos negativos no clima interno da equipe.

Algumas Características e Comportamentos Típicos do Desagregador

O desagregador é o indivíduo que conta com elevado potencial intelectual e apresenta uma postura de Sujeitado de forma consistente.

- Tem entendimento sistêmico mas não o pratica.
- É manipulador e usa seu poder de sedução para que o outro faça por ele.
- Usa sua capacidade intelectual para desenvolver e apresentar "Desculpas Verdadeiras" sofisticadas, articuladas e bem sustentadas com argumentos supostamente criativos e sedutores.
- Influencia negativamente e com grande eficácia os seus liderados, colegas e chefe.
- Muito efetivo em críticas negativas e destrutivas.
- Reclama muito, mas de uma maneira "elegante".

- Diz que nunca é reconhecido como deveria.
- Vitimiza-se com enganosa propriedade.
- Não gera mudança ou melhorias.
- Culpa os outros: a empresa, o chefe, os colegas, o RH, a equipe etc.
- Gera, frequentemente, impacto negativo no ambiente.

Devido ao seu elevado potencial intelectual, o perfil desagregador elabora com naturalidade argumentos sofisticados e os transmite com grande assertividade e eloquência. Dessa forma, o desagregador é comumente visto como um profissional questionador, contestador do status quo, corajoso, inquieto por mudanças e melhorias. Na verdade, mais destrói do que constrói.

Sua capacidade de articulação, aliada à sua capacidade de formular justificativas e explicações, faz do desagregador um formador de opinião e de seguidores. Ao mesmo tempo que lhe assegura argumentos para a obtenção de recursos, tais como aumento no orçamento anual, crescimento de seu quadro de colaboradores, investimentos em seu próprio desenvolvimento, maiores prazos para entrega de trabalhos, maior tolerância com resultados abaixo dos contratados etc.

Costuma ser muito difícil para o gestor ter a clareza de que ele gera mais custos do que ganhos. Normalmente o gestor tem muita dificuldade em demiti-lo, mesmo porque costuma ser bem-visto por clientes internos. E também por seu poder de sedução.

Algumas Características e Comportamentos Típicos do Agregador

O Agregador é o indivíduo que conta com potencial intelectual em linha com a posição ocupada e apresenta postura de Sujeito de forma consistente.

- É proativo e responsável.
- Agrega ao time com ações, ideias, contribuições e respostas.

- Não gera interferência negativa no ambiente.
- Não reclama e, através de seu poder de indignação, busca alternativas e saídas, trazendo soluções.
- Sente-se bem trabalhando em equipe. Tem postura cooperativa.
- Não culpa o outro por seus erros ou insucessos.
- Tem facilidade em reconhecer suas responsabilidades.
- Tem foco no futuro.
- Não usa Desculpas Verdadeiras.

Esses indivíduos apresentam comumente um desempenho consistente e totalmente dentro do esperado. São normalmente pessoas que têm clara postura de Sujeito, ajudando o time, o negócio, fazendo o máximo para a superação de possíveis Desculpas Verdadeiras. Não as usam para se isentar de suas responsabilidades. Pelo contrário, buscam saídas e alternativas frente aos limites e/ou dificuldades.

São geniais em seus comportamentos responsáveis, pontuais e leais. Representam força para o time, agregam valor e têm claro o respeito de seus colegas e líderes.

O perfil agregador costuma estar com clara aderência às regras e regulamentos da empresa. Sua exposição é adequada e sem objetivos de manipulação. O time costuma tê-lo em um lugar de respeito.

A manutenção de indivíduos de perfil agregador na equipe gera várias consequências, tais como:

- Acabam por ser bons exemplos de comportamentos alinhados à cultura da empresa.
- Têm tipicamente posturas de Sujeito liderando sentimentos de adesão à cultura vigente ou desejada.
- Estão comprometidos em valorizar os resultados coletivos.
- Desempenham seu trabalho no nível esperado pelo superior, e muitas vezes o superam em diferentes situações, gerando ganhos indiscutíveis para a organização.

- Contribuem para a imagem do gestor como alguém justo frente aos seus colegas.
- Causam impactos positivos no clima interno da equipe.
- Proporcionam desenvolvimento da área trazendo soluções e alternativas.

Algumas Características e Comportamentos Típicos do Talento

O Talento é o indivíduo que conta com elevado potencial intelectual e apresenta postura de Sujeito de forma consistente.

- Tem e aplica visão sistêmica com facilidade.
- Não usa Desculpas Verdadeiras.
- Não busca culpados para os seus erros ou seus insucessos.
- Analisa os problemas com foco nos dados e fatos, não nas meras suposições.
- Costuma ser rápido nas suas análises.
- Aprende com os erros rapidamente.
- Lidera grupos com facilidade e respeita diferenças.
- Constrói e compartilha visão de futuro.
- Não é resistente a mudanças.
- É adaptável e flexível.
- Toma iniciativas.
- É proativo na busca de soluções alternativas.

Este perfil é o sonho de todo líder, pois apresenta posturas claras de Sujeito com saídas inusitadas e criativas para os limites e dificuldades com as quais se depara.

Sua capacidade intelectual dá uma robustez às posturas de Sujeito.

Independe da formação e do nível escolar.

Faz diferença significativa na busca e entrega de resultados. A performance sempre é alta.

Promove necessariamente muita atenção do gestor para colocar metas elevadas, desafiadoras. Precisa de espaço para a criação e uso de sua coragem. É muito fiel às necessidades do negócio.

A manutenção de indivíduos de perfil Talento na equipe gera várias consequências, tais como:

- Contribui para elevação da barra da equipe, levando a todos a possibilidade de superação.
- Leva à equipe análises imparciais e baseadas em dados e fatos, promovendo a justiça e a objetividade.
- A produtividade é aumentada.
- Os gargalos são identificados, trabalhados e superados.
- Favorece o bom clima interno.
- Otimiza a performance do time.
- Tende a possibilitar sentimento de autoestima mais elevada para a equipe.
- Favorece a flexibilidade da equipe para aceitar o novo.
- Comumente vê saídas para todo e qualquer problema, limite ou adversidade.

Os Talentos, mais do que salários, benefícios ou carreiras, são muito motivados por lideranças justas, honestas, competentes e exemplares. Assim, é bom ficar claro que só gestores talentosos podem ter liderados Talentos.

O Gestor nas Posturas de Sujeito e de Sujeitado

É corrente o paradigma de que todo gestor é um Sujeito. Mas, na verdade, podem-se encontrar muito mais "Sujeitados" em posições de gerenciamento do que a lógica poderia explicar.

A oportunidade de ter conhecido e vivido de perto com tantos gestores de diversas empresas e de diferentes níveis, de supervisores de primeira linha a diretores, nos 22 anos de trabalho, possibilitou uma coleta muito rica de comportamentos que diferenciam claramente as diversas posturas adotadas em suas gestões e os diferentes impactos em suas equipes, climas e resultados.

Não é nenhuma novidade e, portanto, muito sabido que a equipe tem a cara do gestor. Assim, basta conhecer uma equipe e saber como é o gestor, e o inverso também se aplica.

O gestor Sujeitado desenvolve argumentos sofisticados para explicar sua baixa performance, justificando que tem uma fraca equipe por faixas salariais limitadoras, ou porque a empresa não tem força de atração de talentos devido a sua tênue imagem institucional.

Atribui ao alto número de demissões em sua equipe outro problema que tem, relacionando mais uma vez, além de questões salariais, a poucas horas de treinamento e desenvolvimento que o RH destina para sua área.

Costuma afirmar que dá feedbacks aos liderados com frequência, mas que eles não têm jeito mesmo e também diz que ruim com eles, pior sem eles. Então acaba por aceitar baixa performance satisfatória de seu pessoal. Mantém com facilidade o perfil peso morto em seu time.

Em variadas situações explica para a equipe que a culpa pela situação toda que estão vivendo não é dele, pois tudo vem de cima para baixo, e, nesse caso, não tem nada a fazer para alterar essa situação. Lamenta por não poder contribuir de forma mais contundente nas decisões estratégicas do negócio, já que não costuma ser convidado para esses fóruns.

Não coloca explicitamente mas, no fundo e na verdade, prefere uma equipe mais fraca que não o ameace e com a qual seja "mais fácil" de lidar, que não lhe dê muito trabalho. Por isso, constrói uma equipe de "Sujeitados", o que "garante" inclusive uma suposta necessidade de sua permanência não só na empresa como no cargo. A falta de sucessores é uma característica típica do gestor "Sujeitado" em suas equipes.

Destaca problemas relativos a fornecedores internos de baixa performance, não cumpridores de prazos e que entregam trabalhos com muitos erros, o que acaba por penalizar sua equipe à medida que passa a ter grande necessidade de fazer inumeráveis retrabalhos.

Muitas vezes diz que o planejamento estratégico é fraco e de baixa consistência, que as coisas não saem do papel, além de ser muito distante da realidade da sua área.

Tem a certeza de que em várias situações é prejudicado porque aceita todas as solicitações de seu líder e acaba perdendo com isso, pois trabalha mais do que seus pares e não é reconhecido. Sente-se vítima da situação.

Outra questão que costuma ser citada diversas vezes é o número de reuniões para as quais é convocado a participar, o que acarreta em um tempo escasso que lhe sobra para desenvolver aquilo que é parte de seu trabalho e por isso fica até muito tarde no escritório todos os dias.

Se você tem usado com certa frequência algumas destas "Desculpas Verdadeiras" ou tem tido falas ou características apresentadas no quadro abaixo, cuidado! Pode estar tendo posturas de gestor "Sujeitado" mesmo sem se dar conta disso. Características e falas do gestor Sujeitado:

GESTOR SUJEITADO

- ▶ Constrói equipe com metas óbvias.
- ▶ Tem medo de sombras.
- ▶ Faz seleção, buscando Sujeitados.
- ▶ Aceita Sujeitados na equipe.
- ▶ Diz que a culpa por determinada situação é da empresa, do chefe... de RH.
- ▶ Atribui a responsabilidade aos outros.
- ▶ Usa Desculpas Verdadeiras, como: "O meu chefe não disse nada", "Eu não sabia...", "Não sei de nada..."
- ▶ Não consegue olhar para a frente, fica no passado das Desculpas Verdadeiras.
- ▶ Dá feedbacks, se necessários e formais, sempre leves. Diz que ouviu dizer...

(continua)

- É empurrado pelo chefe dele.
- "Não temos saída, cortaram o budget, faltam recursos etc."
- "Minha equipe é fraca, ninguém ajuda."
- Desiste fácil. Não tem constância de propósitos.

O primeiro grande desafio é fazer uma autocrítica, uma autoanálise sobre seus comportamentos e posturas como gestor e reconhecer friamente como está agindo. Só assim poderá ser iniciada uma mudança. A mudança do gestor "Sujeitado" para a condição de gestor "Sujeito".

Os trabalhos que tenho coordenado e facilitado em desenvolvimento de lideranças para diversos níveis ao longo de 18 anos em consultoria, e atualmente através da Human Capital têm este foco; a mudança de postura do Gestor "Sujeitado" para a postura de Gestor "Sujeito".

Sem esta mudança, não adiantam supostas instrumentalizações técnicas de liderança ou de gestão. É como se fossem maquiagem, ou paliativos. O que acaba acontecendo são gastos altos com consultorias, grande alocação de tempo dos participantes, desgaste da área de RH que comprou determinado(s) programa(s) ou módulo(s). Todos perdem, inclusive a consultoria, que não foi eficaz e não deverá ter recompra por parte do cliente, fora a imagem negativa que estará relacionada a ela.

Não podemos falar em equipes de alta performance sem primeiramente transformar os gestores "Sujeitados" em gestores "Sujeitos".

Mais uma vez alerto para as definições e escolhas de Programas Comportamentais com foco em desenvolvimento de equipes para alta performance, pois destaco que nunca existirá uma equipe de "Sujeitos" com gestores "Sujeitados".

Os "Sujeitos" das equipes lideradas por gestores "Sujeitados" vão embora, buscarão outras alternativas para o desenvolvimento de suas potencialidades, e onde possam dar suas contribuições de forma mais eficaz e duradoura, para elevar suas barras de desafios.

Em minha experiência, noto com facilidade aquelas pessoas e gestores que facilmente se percebem, reconhecem-se à luz desta abordagem, como tendo posturas de "Sujeitado". Estes têm autocrítica alta. Eles se dão conta com relativa facilidade de suas responsabilidades, de seus erros, de comportamentos alavancadores e formadores de Sujeitados, percebem como estão usando "Desculpas Verdadeiras" para justificar seu modo de gerenciar e por acabar obtendo resultados que não estão desejando.

Impressionante como algumas pessoas, gestores no caso, têm a imensa capacidade de se enxergar rapidamente e assumir uma nova postura. Entra aí um ingrediente fundamental e definidor deste processo de mudança: a simplicidade.

Simplicidade para aceitar uma nova ideia, uma nova abordagem, para reconhecer que não estavam no caminho certo, mesmo que tenham tido as melhores intenções, mas com comportamentos inadequados, ou de Sujeitados. Não é raro que agiam assim sem se dar conta de que estes comportamentos contribuíam para o contrário do que queriam obter.

Com isso, eles vão construindo uma leitura clara de onde estão e de aonde querem chegar e o que devem fazer para isso, através de um plano de ação de desenvolvimento em variados processos como Coaching ou Desenvolvimento de Liderança.

Passam a ter clareza de que esta mudança, depois da autocrítica e do autoconhecimento, só se dará pelo intenso e atento exercício diário de evitar que tenham recaídas comportamentais de "Sujeitados".

O quadro a seguir mostra algumas características e falas de Gestor Sujeito.

GESTOR SUJEITO
▶ Constrói equipe com metas elevadas.
▶ Não tem medo de que alguém o supere.
▶ Faz boa seleção, busca Sujeitos.
▶ Identifica Sujeitos e Sujeitados na equipe.

(continua)

- Não diz que a culpa por determinada situação é da empresa, do chefe ou de RH. Chama para si a responsabilidade.
- Não usa Desculpas Verdadeiras, como: "O meu chefe não disse nada"; "Eu não sabia..."; "Ninguém me falou".
- Olha para a frente e mostra o futuro para sua equipe.
- Dá feedbacks necessários, mesmo que dolorosos.
- Puxa..., é a locomotiva do time.
- "Vamos encontrar soluções e superar obstáculos."
- "Tenho boa equipe, quem performa fica."
- Tem constância de propósitos e entusiasmo.

10

O Liderado nas Posturas de Sujeito e de Sujeitado

Nem todo liderado é Sujeitado. De fato, muitos liderados são Sujeitos. E o grande desafio é um liderado com postura de "Sujeito" ter que se reportar a um gestor "Sujeitado".

O liderado "Sujeito" busca alternativas frente aos obstáculos que existem, que se colocam ou àqueles com os quais se depara, mas de uma maneira proativa, trazendo ideias, sugestões e possíveis soluções. Quer, porque quer, resolver. Não se paralisa, porque não usa as "n" "Desculpas Verdadeiras" que poderia usar simplesmente para tentar mostrar a incompetência do(s) outro(s) em sua "legítima" defesa ilegítima. Ele não faz isso.

Este liderado procura gestores "Sujeitos", sente com seu faro fino facilmente os tipos de gestores, portanto o de seu gestor também. E analisa, coloca tudo no papel para fazer suas escolhas pessoais e profissionais. Claro que ele não suportará e não aceitará ficar em uma situação em que seus limites sejam claramente próximos e definidores de algo que ele mesmo não definiu. Limites que foram colocados pelos seus gestores ou pela organização.

Buscará outro caminho, diferente deste em que esteja. Não fará reclamações, nem mesmo atribuirá aos outros a causa fundamental do lugar limite onde está.

Construirá suas novas possibilidades para crescer, desenvolver-se, para fazer uma carreira bonita, consistente e vencedora, pois sabe de suas responsabilidades na construção de seu destino. Entendendo como destino aquilo a que se propõe fazer, aonde e como chegar.

Olhará somente para a frente, terá metas claras, com barreiras cada vez mais altas, mesmo sabendo que o exercício de superar seus limites depende só dele mesmo.

Brigará enquanto estiver onde está, e é muito fácil isso, pela sua noção de responsabilidade e comprometimento, ou seja, mesmo buscando outros voos, jamais deixará de responder frente a seus acordos já feitos ou firmados.

O liderado "Sujeito" quer contribuir de maneira apropriada, sentindo-se, portanto, proprietário de suas missões, acordos ou deveres.

Terá senso de equipe, jogando sempre para todos ganharem, não importando quem faz o gol, porque tem a clareza do time para os resultados. Sabe que sozinho não chegará ao resultado almejado.

Receberá o não escolhido e responderá sem reclamar, sem lamentos ou falas clamadoras de piedade.

Nunca conheci liderados "Sujeitos" que suportaram gestores "Sujeitados", pois todos eles se foram...!!

A seguir um quadro com características e falas típicas de liderado Sujeito:

LIDERADO SUJEITO
"Deixa comigo, eu tentarei resolver, buscando saídas e alternativas."
"Sei que meu futuro depende mais de mim do que de qualquer outra coisa."
"Não fico esperando que as coisas aconteçam, corro atrás."
"Opa, isto pode ser uma grande oportunidade de aprendizagem!!"
"Quero alvos desafiadores que favoreçam meu desenvolvimento."
"Deixa comigo, darei o melhor de mim para conseguir resultados de qualidade."
"Costumo focar no meu poder de ação, naquilo que só depende de mim."
"Vou seguir em frente, meu foco é o que eu posso fazer!"
"Estou com disposição para correr atrás daquilo que almejo."
"Não entendi esta situação e farei de tudo para tentar entendê-la."

O liderado "Sujeitado" muitas vezes se disfarça devido a uma habilidade de "metamorfose" aparente que lhe permite supostamente se adequar mesmo àquilo que não se queira. É como se fosse uma capacidade de virar "porta" nas situações difíceis, intrigantes ou polêmicas... ficam imperceptíveis.

Outra postura típica do liderado "Sujeitado" é ter "posições de meio" e argumentadas e embasadas inclusive por conceitos orientais. E quem irá contra?

Existem liderados "Sujeitados" e "pós-graduados", alguns doutores, mesmo sem termos notícia de existirem essas graduações e pós-graduações específicas no mercado, mas é que têm alta capacidade de darem, usarem variadas e complexas "Desculpas Verdadeiras" para si, para os outros e para o sobrenatural.

Há também os "Sujeitados Vítimas Típicas", sendo estes que mostram toda sua infelicidade, limitações, atribuições que têm sem escolher, mostram também a injustiça em que vivem, o pré-dado para si que não tiveram escolha, apenas a de receber e ficar.

Os liderados "Sujeitados" são cansativos, muitas vezes nas suas explicações para baixa performance. Outras vezes, onerosos pelo tempo e atenção que impelem. Em várias situações, costumam dar bolas fora sem perceber. No convívio mais perto, são pesados, tipo grudentos de suas dores, infelicidades, limitações, injustiças. Fazem de tudo para você ser responsável pelas "Desculpas Verdadeiras" deles e para a mudança delas.

Tentam mostrar que as suas situações difíceis, injustas e inéditas favoreceram que morressem na praia... ninguém os ajudou, aliás o mundo é visto de uma forma desbalanceada e errada.

Buscam gestores "Sujeitados", casamentos perfeitos!

Muitas vezes, aparecem nas reivindicações politicamente corretas como heróis. Algo tipo sindicatos ou partidos com nome de trabalhistas.

Outras vezes, aparece o "Sujeitado" nas ações que move contra aquele estado que o remunerou, que o possibilitou de ter todas as conquistas que teve e tem, onde permaneceu a vida inteira, e, mesmo assim, move ações contra. Parece cuspir no prato em que comeu durante todo o tempo...

Em algumas situações, aparece o "Sujeitado" na busca desenfreada de pensões, seguros médicos por supostos direitos adquiridos em seus trabalhos onde foram "Sujeitados" por muitos anos de suas vidas.

Outra forma de "Sujeitado" é ser vítima de assédio moral só relatado após sua saída da empresa. E, depois disso, mover ação contra ela.

A seguir, um quadro com características e falas típicas de liderado "Sujeitado":

LIDERADO SUJEITADO
"Ninguém me ajuda, eu acabo fazendo tudo sozinho quase sempre."
"Sei que meu futuro depende muito das ajudas que eu tiver."
"Eu fico esperando que as coisas aconteçam, um dia vai dar certo."
"Poxa vida, lá vem outra mudança, agora que eu estava quase me acostumando!"
"Quero alvos desafiadores fáceis de serem atingidos."
"Ok, isso pode ficar comigo, mas se não der certo, não se esqueça do que falei."
"Não posso fazer isso porque não tenho tempo, a empresa exige muito de mim."
"Não é possível, como tenho azar, inclusive com chefe, mas fazer o quê?"
"Para mim, assim está bom, para que se desgastar tanto, se morreremos mesmo?"
"Como não entendi esta situação, melhor é aguardar e ver em que isso vai dar."

Os liderados "Sujeitados" não reconhecem os colegas "Sujeitos", acham, sim, que é uma questão de oportunidade que não tiveram, algo relacionado com a má sorte que costuma rondar suas vidas.

O Impacto das Posturas de Sujeito ou Sujeitado nas Supostas Doenças

Concepção de uma emoção constituindo assim pensamentos e ações

11

A Dra. Lucy Vitale Lopes, Médica do Trabalho há 25 anos, teve contato com a abordagem no Workshop "Excelência em Seleção – Entrevista Estruturada por Competências" realizado no Terminal de Santos do Grupo Libra em março de 2011 e escreveu o artigo a seguir, com relevante importância, ressaltando como as posturas de Sujeito ou Sujeitado impactam na evolução de dores ou doenças.

A dor crônica do trabalhador é um dos maiores problemas, na área da saúde ocupacional, enfrentados pelas empresas, previdência social e pelo próprio trabalhador.

Mas gostaria de ressaltar que após um Workshop de "Excelência em Seleção" –, realizado pela escritora e psicóloga Marisa Urban, deparei-me com a abordagem sobre "Sujeito ou Sujeitado" e apresentei-lhe minha teoria que se encaixava com esta abordagem apresentada, onde a dor encontraria, no trabalhador que se comporta como "Sujeitado", um terreno fértil para cronificação.

Sendo o corpo, segundo Sawaia (2002), um material biológico, emocional e social é natural que encontremos nas diversas patologias causas multifatoriais. Em 20 anos de dedicação exclusiva à Medicina Ocupacional tenho comprovado a ineficácia de tratamentos, principalmente em casos de patologias ósteo-musculares em função da carência de uma visão multifatorial. Há uma valorização de exames complementares nos diagnósticos e da ergonomia e organização do trabalho nos tratamentos e nas prevenções, no entanto pouca ou quase nenhuma valorização do enfoque sobre o trabalhador em suas nuances psicológicas, incluindo condições de enfrentamentos e posturas diante de sua vida.

Dor é próprio da vida humana. Sofrimento é dor mediada pelas injustiças sociais Sawaia (2002). Nossas reações cerebrais não são apenas neurológicas, mas também semânticas. Não respondemos apenas às alterações biológicas em nosso corpo, mas ao significado que as alterações simbolizam para nós. Cada emoção se compõe de uma multiplicidade de sentidos. Portanto, "Sujeitos" ou "Sujeitados" (termos definidos por Marisa Urban) terão respostas diferentes frente a um mesmo estímulo. Esta foi minha sacada.

O comportamento do trabalhador como "Sujeito" ou como "Sujeitado" encontra aqui uma importância única na evolução da patologia e, consequentemente, em suas implicações como sofrimento e comprometimento social.

Frente a uma patologia que provoca dor, o trabalhador que se comporta como "Sujeito" busca um tratamento médico e parte para uma "obediência" de prescrições e de afastamento médico quando necessário. Corrigidas as causas desencadeantes, se estas se encontrarem dentro do ambiente de trabalho, como, por exemplo, adequação de ergonomia, o trabalhador retoma as suas funções e prossegue sua vida laboral.

Neste caso, sua filosofia de vida e comportamento é de enfrentamento de dificuldades, e envolvimento integral em sua recuperação. O "Sujeito" redireciona sua atenção, passando a focá-la em outros problemas cotidianos que não a dor, e demonstrando interesse pela retomada de suas atividades.

O trabalhador com comportamento de "Sujeitado" apresenta-se amparado basicamente no afastamento como forma de tratamento. Não raro desobedece a prescrição médica e mesmo com longos períodos de afastamento mantém queixa do quadro de dor, numa espécie de aprisionamento aos seus próprios sentimentos. A passividade defensiva prolongada, própria do comportamento de "Sujeitado", e as posturas corporais autoprotetoras e tensas, tornam os tecidos mais sensíveis, colaborando para a cronificação da dor e criando um ambiente restrito dominado pela dor e pela incapacidade.

Sendo assim, a existência da dor é inegável, porém os comportamentos de enfrentamento desta dor diferem e interferem na evolução, levando a uma cronificação nos casos de trabalhadores com comportamento de "Sujeitados". Há nestas situações um enorme prejuízo ao trabalhador e à empresa, visivelmente observado nas taxas de absenteísmo.

Vários estudos colocam a dor crônica como fator desencadeante de processos de angústia, depressão, falta de motivação, e inúmeras outras patologias psicológicas. Em minha experiência profissional, tenho observado justamente o processo no sentido contrário, na contramão dos fatos. A desmotivação e os processos de acometimento psicossocial formam um terreno fértil para a cronificação da dor. Qualquer pessoa pode apresentar uma inflamação de tendões ou um quadro de dor nas costas causados ou não por fatores ocupacionais, porém os "Sujeitados" encontram nesta dor uma verdadeira razão de existência, dificultando os processos de tratamento e reabilitação. É a concepção de uma emoção constituindo assim pensamentos e ações, que resultam em vários comportamentos que Marisa Urban denomina de comportamentos de "Sujeitado".

A queixa de uma dor implica uma investigação etiológica e, consequentemente, uma proposta de tratamento. O afastamento temporário às vezes se faz necessário para uma recuperação completa. A postura do trabalhador frente a sua patologia é um dos fatores que neste momento influenciam a evolução do quadro. O "Sujeitado" encontra aqui uma "desculpa verdadeira" e nela se apoia, dificultando o tratamento e a recuperação.

Nestes casos, a alteração de um comportamento certamente levaria à melhora sistemática dos problemas tratados. Mas, para tal, é preciso ter posturas de "Sujeito".

A Teoria do Sujeito-Sujeitado Aplicada à Dependência Química

A responsabilização e o reconhecimento das próprias capacidades e motivações para mudar são elementos cruciais no processo de recuperação.

*A*rtigo escrito por Flavia Serebrenic Jungerman, psicóloga, excelente profissional, muito respeitada e amiga querida há quase 30 anos, desde os tempos de PUC-SP. Aprofundou-se em estudos sobre Dependência Química com Mestrado pela Universidade de Londres e Doutorado no mesmo tema pela UNIFESP. Atualmente coordena o Serviço de Psicologia do GREA (Grupo de Estudos em Álcool e Drogas) do IPQ-Hospital das Clínicas e atua na clínica como terapeuta individual, de casal e de família.

Quando eu fui primeiramente apresentada à idéia do "Sujeito-Sujeitado" pela sua autora e grande amiga Marisa Urban, fiquei boquiaberta: eu, psicóloga, com especialização em Dependência Química (DQ), com formação acadêmica no assunto e com experiência de 20 anos na área, pensei: "como uma proposta de entendimento pragmática e simples pode se encaixar tanto naquilo que venho estudando há tantos anos?"

Tentarei agora me explicar melhor: o dependente químico, contrariamente ao que muitos pensam, sofre de uma doença. E mais do que a doença da falta do controle sobre a substância é a dificuldade do poder de decisão. O dependente químico sofre de ambivalência. Até aqui, nada diferente de qualquer ser humano. Quem, entre nós (e eu me incluo nisso), alguma vez na vida não ficou em dúvida? Em dúvida entre comer ou não comer aquela sobremesa deliciosa, mas também engordativa? Dúvida entre um ou outro trabalho: entre aquele que pode dar mais prazer, mas talvez menos dinheiro? Dúvida entre se posicionar frente a alguém querido e magoar esta pessoa ou engolir e se magoar? Porém, a diferença da ambivalência do dependente químico é que esta gira essencialmente em torno da substância: ela se expressa na dúvida entre abrir mão do prazer que a substância oferece, da oportunidade de amortecimento de um sofrimento, esquecimento temporário dos problemas *versus* o desejo de parar de consumir algo que lhe faz mal, que o impede de seguir adiante, de atingir sonhos e metas.

Na minha experiência de estudar e tratar dependentes, percebi que algo se repete no modo de estar no mundo dessas pessoas. Não gosto de generalizar ou categorizar as pessoas. Não acredito que todos os dependentes químicos sejam iguais, mas alguns deles têm algo em comum, em determinadas fases de suas vidas; penso eu até que são semelhanças com as pessoas em geral, que não necessariamente são dependentes químicos. Mesmo porque, a maioria dos seres humanos é dependente de algo: de um ente querido, do trabalho, de um comportamento, de comida, do celular ou de substâncias.

Para explicar melhor o que se repete, recorrerei a uma teoria muito estudada na minha área, elaborada por dois autores: Prochaska e Diclementi. Eles, psicólogos sociais, propuseram que olhássemos para o processo de mudança em estágios. Esses estágios se referem ao grau de conscientização e compromisso com a mudança do comportamento/atitude. O primeiro estagio é conhecido como *pré-contemplação*, onde a pessoa sequer acha que o comportamento dela é um problema; este estágio também é chamado de negação. Por exemplo, a pessoa que cheira cocaína, mas não pensa que este comportamento afeta sua rotina ou traz maiores prejuízos à sua saúde. Quando a pessoa passa a ver e sentir o comportamento como um problema, ela passa para a *contemplação*. Neste estágio, a ambivalência atinge seu ápice, pois a pessoa por um lado ainda vê vantagens em manter aquele comportamento (em geral, as vantagens têm a ver com prazer efêmero e diluição de problemas momentaneamente, tipo o "barato" da droga) e, por outro lado, já sente o prejuízo daquele consumo (que em geral tem a ver com discrepância do consumo com planos de uma vida mais estável: relações afetivas, ocupação, saúde).

Quando a pessoa consegue resolver pelo menos parcialmente sua ambivalência, ela passa para o estagio de *preparação*, onde já há movimentos em direção à mudança: por exemplo, a pessoa busca ajuda ou começa a experimentar reduções no uso. A fase seguinte é a da ação, quando ocorre a mudança propriamente dita.

Os dependentes, pelo menos no momento da pré-contemplação até a mudança, depositam no outro a responsabilidade de sua vida, isto é, dentro da teoria do SOS, este é o *Sujeitado* . Acredito que mesmo quando o dependente está em contemplação, ambivalente, ele tem momentos onde justifica seus atos com "Desculpas Verdadeiras" ou Desculpas Mentirosas. Muitas vezes, já ouvi clientes justificarem seu consumo pelo comportamento de outras pessoas com quem se relacionam: por exemplo, a fala do marido que bebe, pois, quando ele chega em casa do trabalho, tem que ouvir a mulher reclamando. Ou o jovem adolescente que fuma maconha, pois os pais o censuram e o oprimem.

E o cerne da questão está justamente aqui: muitas vezes, essas pessoas agem assim não porque querem, mas talvez por não conhecerem outro jeito de agir ou não se sentirem capazes de tomar as rédeas da própria vida. Quando essas pessoas passam a se perceber capazes de se cuidar e de se controlar, elas mudam, passam a ser *Sujeitos*.

Eu, como psicoterapeuta de dependentes químicos, trabalho com uma abordagem chamada Entrevista Motivacional. Elaborada por um americano, William Miller, e um inglês, Stephen Rollnick, nos anos 80, esta abordagem foca o desenvolvimento da motivação para a mudança de comportamento. Acredito que a Entrevista Motivacional contribui justamente para esse processo de apoderamento da própria vida pelo indivíduo. Nós, terapeutas, auxiliamos a pessoa a primeiramente falar sobre o que deseja e, a partir daí, reconhecer suas motivações intrínsecas para a mudança. Nós nos colocamos não como "experts", que sabemos de tudo, até mesmo da vida do nosso cliente, mas como um guia que auxilia a pessoa a fazer o seu melhor percurso, inclusive ressaltando suas habilidades. Muitas vezes, os dependentes estão perdidos, não sabem o que querem e, quando sabem, não sabem como chegar aonde querem. Cabe a nós, terapeutas-guias, auxiliar esses indivíduos a buscar alternativas e, dentre as opções, escolher a mais apropriada para eles. Além disso, auxiliamos as pessoas a descobrir suas próprias habilidades para pôr em prática essas opções.

Uma outra teoria que ainda corrobora com essas ideias é a que fala de "Locus do controle"; isto é, se o indivíduo colocar o controle no outro, ele dependerá mais deste para suceder nas suas ações. Ele será *Sujeitado*. Se ele tomar para si esse controle, ele será mais *Sujeito* e, consequentemente será mais efetivo nas suas ações.

Acredito que a teoria do SOS se aplica a qualquer indivíduo e particularmente aos dependentes químicos pois, como disse, do meu ponto de vista a responsabilização e o reconhecimento das próprias capacidades e motivações para mudar são elementos cruciais no processo de recuperação dessas pessoas. Como todos nós às vezes temos "lapsos" ou "recaídas" (até utilizando um termo típico da DQ para mostrar um retorno ao consumo!) e passamos a culpar os outros pelos nossos fracassos, esta pode parecer uma atitude mais fácil: ao 'culpar' o outro, nos eximimos da responsabilidade de ter que mudar. Mas cabe ao terapeuta, no caso do dependente químico, pontuar esse movimento de retorno a um *modus operandi* antigo, que pode parecer atraente a princípio mas que é custoso (pois nos tira o poder de agir!), e auxiliar o indivíduo a se reconhecer capaz de decidir por si próprio e se controlar. Acredito ser essa a principal função do profissional que trabalha com o dependente químico: auxiliar a pessoa a sair do "piloto automático" quanto ao consumo e chamar para a consciência este processo, ajudando a pessoa a tomar para si o controle de seus atos. Traduzindo: auxiliar o Sujeitado a se tornar Sujeito!

Um Caso de Superação 13

Uma escolha não é simplesmente uma decisão, é também uma renúncia.

Camila Auter Paschini – Engenheira Eletrônica e Designer Gráfica – é uma "sobrinha de coração" e muito querida. Pude acompanhar algumas de suas dores e sofrimentos em sua trajetória. Tivemos oportunidade de conversar por algumas vezes sobre o conceito "SOS". Sempre teve uma facilidade de compreensão de conceitos ou ideias variadas até que passou para a etapa das ações que mudaram sua vida. Agradeço muito à Camila por sua generosidade em compartilhar sua experiência e vivência tão pessoal, que segue abaixo. Certamente esta atitude poderá contribuir para centenas, senão milhares de pessoas que vivem situação similar.

Houve um momento, mais ou menos em 2005, quando os problemas começaram, em que todos ao meu redor achavam que eu tinha uma vida perfeita. Eu era recém-formada em Engenharia Eletrônica, trabalhava como *trainee* em uma multinacionacional, tinha um bom salário, namorado. Mas apesar de racionalmente eu saber que deveria estar feliz, não estava e não entendia por quê. Eu reclamava de tudo, achava que tudo dava sempre errado, o mundo era muito cinza. Apesar do bom salário, não sentia que o dinheiro me dava a liberdade que eu queria ter. Era preciso um esforço enorme para me adequar ao ambiente da engenharia, para me vestir como uma engenheira deveria se vestir, para me comportar como deveria. Esperava-se que eu sempre fizesse mais, e por mais que desse o meu máximo, sempre parecia pouco. Eu me sentia diminuída o tempo todo, não me sentia como parte do mundo. Todos pareciam estressados e mal-humorados, eu não gostava de conversar com nenhum dos colegas e, por fim, todos se afastaram de mim. Quando percebi, estava doente, com anorexia, pesando 48Kg (tenho 1,70m de altura) e o psiquiatra estava decidindo se me internaria ou não.

Do final de 2005 até o final de 2008 eu fiquei em tratamento e fazia o que me mandavam. Eu aceitava tudo o que acontecia, tentava acreditar que tudo ia melhorar, mas nunca parecia melhorar. Fui proibida de fazer quase tudo que me dava alguma satisfação e a sensação de controle sobre a minha vida, como nadar 6.000 m todos os dias ou fazer dieta. Também não tinha mais o dinheiro, porque perdi o emprego. Parte do tratamento consistia em ganhar peso, e eu me isolei tanto que comer e jogar videogame pareciam as únicas coisas que eu podia fazer para me divertir. Acreditava na "má sorte" que me acompanhava e parecia ser responsável por tudo, até por ter engordado tanto. Então me cansei do tratamento e simplesmente não frequentei mais as sessões. Continuava achando que o mundo é que deveria estar errado.

Hoje, reconheço que eu me encontrava em uma posição tão Sujeitada na época que ouvi com atenção a toda definição do conceito mas não achei que se aplicava a mim. Depois, li o livro. Pouco a pouco, comecei a notar aqui e ali, primeiro nos outros, traços de atitudes de Sujeitados. Então, notei que eu usava diversas desculpas verdadeiras. Quando eu reclamava que me atrasei por causa do trânsito, que engordava por que fui proibida de fazer dieta, que não podia sair de casa por que alguém tinha que ficar com as crianças, estava na verdade culpando os outros pelos meus problemas. O próximo passo foi entender que eu podia mudar, mas como? A partir das minhas próprias escolhas e fazendo uso de alguma habilidade de planejamento. Na grande viagem de crescimento que esse conceito representou na minha vida, entendi que uma escolha não é simplesmente uma decisão, é também uma renúncia, um ganho e um passo adiante. Entendi que o valor da escolha não está na liberdade de escolher, mas sim na consciência do passo que foi dado. Assim, tendo consciência do que ganho e a que eu renuncio a cada escolha, é possível tomar decisões que empurrem para frente mesmo quando erro pois, quando erro, posso corrigir o erro em lugar de ficar culpando outras pessoas, ou perder a cabeça.

A verdadeira transformação começou a acontecer em 2009 quando, por acaso, um amigo precisou de alguém que soubesse modelar em 3D para trabalhar em um projeto publicitário. Aceitei o trabalho e de repente me vi rodeada de pessoas bem-humoradas. O prazo era curto, trabalhávamos aos sábados e domingos para conseguir dar conta e, ainda assim, o ambiente era descontraído e agradável. Comecei a enxergar que, apesar de amar engenharia, eu gostava muito mais de trabalhar com os publicitários. Conversando melhor, descobri que não seria contratada pela agência ao final daquele projeto por não ter nenhuma formação artística. Só que, dessa vez, em lugar de maldizer a sorte, tive a ideia de cursar uma segunda faculdade: se o que me impedia de entrar no ramo publicitário era a formação, eu podia dar um jeito nisso. Passei o primeiro semestre de 2009 fazendo cursinho, que paguei com trabalhos *freelancers* de websites e aulas de inglês. Estava determinada a entrar na USP, pois não tinha como pagar uma faculdade particular.

Em julho, fui convidada a conhecer a ESPM e saí daquele lugar impressionada com a estrutura, convencida de que eu poderia dar um jeito de estudar Design Gráfico lá. Sem me deixar abater, comecei a pensar em como conseguir aumentar meus ganhos para pagar a mensalidade, em lugar de me achar azarada por não conseguir pagar a escola. Era a mentalidade de Sujeitada que começava a dar lugar para a mentalidade de Sujeito. Consegui aumentar a renda ampliando a quantidade de aulas de inglês e paguei um semestre inteiro. Foi quando no segundo semestre da faculdade eu achei que tudo estava acabado: perdi vários alunos e não conseguia mais pagar a faculdade. Estava me sentindo péssima, pensando que ia ter que largar o curso, quando descobri que eu podia usar o FIES, que a escola passaria a adotar exatamente naquele semestre! Sorte? Não houve divulgação na escola... Se eu não tivesse procurado o FIES, não teria encontrado.

Isso me tranquilizou e o curso seguiu em frente sem problemas. A única coisa que me incomodava era que eu estava gorda demais. Durante o tratamento para a anorexia, em que eu deveria ganhar peso, o psiquiatra me prometeu que meu peso se estabilizaria. Estabilizou-se em 115Kg. Eu culpava o metabolismo que estava "detonado", a genética. Não percebia que simplesmente comia demais. No fim do curso de Design, estava me sentindo derrotada. Eu tinha um plano, estava perseguindo meus objetivos, entendia minhas escolhas; por que então me sentia tão mal? Em 2012, durante as férias de julho, tudo ficou claro: eu não podia me sentir bem se o meu corpo não estava bem. Eu estava tão gorda que não conseguia mais andar 2 quarteirões sem parar para descansar. Não conseguia amarrar meus sapatos, ficava sem ar. As costas doíam, os pés doíam, os tornozelos e os joelhos doíam. Passei as férias da faculdade dormindo o tempo todo. Tudo parecia tão difícil. E foi nesse ponto em que voltei a pensar nas escolhas. Quais opções eu tinha? Mudar isso ou não fazer nada. Não fazer nada, ignorar o problema também era uma escolha, uma renúncia. Uma escolha por não agir, mas para qual resultado isso estava me levando? Então fiz a escolha mais importante de todas: reconhecer que eu precisava de ajuda. Voltei ao psiquiatra para retomar o tratamento, obviamente eu não estava bem. Comecei, com a permissão do psiquiatra, um tratamento para emagrecer, com dieta, terapia e exercícios. Abri os olhos para todos os excessos que eu cometia: de comida, de aspirina, de *videogame*. Passei a adotar o conceito para tudo, afinal somos apresentados a uma série de escolhas diariamente. Sair de carro ou ir de metrô? Levar ou não o guarda-chuva? Comer um pão de queijo ou um iogurte? Assim, durante o segundo semestre de 2012 me mantive na dieta, me comportando como Sujeito: todas as vezes em que alguém me oferecia um chocolate eu pensava no prazer imediato que eu ganharia, mas também pensava na conquista de chegar na minha meta de peso lá na frente, que a renúncia ao chocolate representava.

A partir de algumas escolhas toda a minha vida voltou para o lugar. Profissionalmente, eu tenho hoje uma carreira em que posso trabalhar como sempre quis, em que posso me expressar da maneira como sou. Mentalmente, consegui reconhecer que tenho um transtorno de humor que provavelmente não tem cura, mas que não precisa me impedir de perseguir meus objetivos. O corpo está ótimo: perdi 33Kg em 4 meses e me sinto uma nova pessoa. Faltam ainda 14Kg para atingir a meta e eu sei que vou conseguir. A conquista do peso foi de todas a mais importante. Eu tinha medo de começar uma dieta e voltar pra um quadro anoréxico. Se a escolha era entre voltar a ter anorexia ou continuar gorda, sem dúvida que eu escolheria ficar gorda. Mas eu percebi que podia perder peso com saúde, desde que escolhesse seguir o tratamento corretamente. Permanecer na posição de vítima também tira a clareza das ideias e dos pensamentos, faz com que os problemas pareçam não ter saída quando as soluções na verdade estão bem na nossa frente. Posso dizer que cresci muito por deixar de ser Sujeitada: me formei em uma segunda faculdade, mudei de carreira, perdi peso, fechei negócios. Acima de tudo, hoje eu sou feliz e sou capaz de fazer planos reais, de perceber o que está me fazendo mal e perseguir meus objetivos.

As Perguntas mais Frequentes... 14

Na maioria das Palestras, Workshops, Processos de Desenvolvimento de Gestores, Programas de Desenvolvimento de Trainees ou Coaching, algumas perguntas muito pertinentes acabam se repetindo nos diversos públicos. É por isso que dedico este capítulo a estas perguntas:

A postura de Sujeito ou Sujeitado pode interferir na criatividade?

Certamente o Sujeito é mais criativo que o Sujeitado, dado que o Sujeito busca alternativas, saídas frente aos limites ou obstáculos que se apresentam. Como o Sujeito foca-se no futuro e evita o uso de desculpas verdadeiras ou justificativas, atuais ou passadas, tende a romper paradigmas vigentes e, portanto, a trazer soluções alternativas. Frente a um desafio de cumprir ou superar uma meta, por exemplo, o indivíduo com postura de Sujeito tende a buscar soluções técnicas, administrativas ou gerenciais para atingir o desafio. Por outro lado, o indivíduo com postura de Sujeitado buscará justificativas no *status quo*, no histórico da situação para explicar a impossibilidade da mudança e, consequentemente, paralisar-se de maneira aparentemente "adequada". Lembrando que o nível de argumentação de alguns sujeitados é muito elevado, no caso do Desagregador, este pode até convencer seu líder, seu pai, seu amigo ou seu irmão de que "é assim mesmo", que "não dava para fazer nada".

Qual é a principal diferença entre o Sujeito e o Sujeitado?

Há muitas... mas duas básicas: O Sujeito é responsável, dá respostas mesmo frente a coisas ou situações que ele não foi o causador... mas as encontrou, se deparou e assim tem que fazer algo, socorrer um acidentado que ele não causou, outro exemplo é um fornecedor ou cliente interno que está fazendo algo errado ou que poderia ser melhorado e você interferir e ajudar. A segunda questão básica é que o Sujeito não usa Desculpas Verdadeiras... não atribui seus comportamentos ou performances ao outro, ao mundo, ao chefe, à falta de tempo, a sua origem etc. O Sujeito não culpa o outro para justificar seus comportamentos. O Sujeito sabe que vive de acordo com suas escolhas. Sabe também que é o responsável por estar onde está, pelas conquistas ou não que teve.

O Sujeito nunca tem posturas de Sujeitado?

O Sujeito não é perfeito nem super-herói. Ele tem, sim, posturas de Sujeitado, por exemplo quando tem uma recaída ou deslize e usa uma Desculpa Verdadeira. O que faz alguém ser Sujeito é a frequência de comportamentos de Sujeito. Assim até podemos dizer que há pessoas que são tipicamente Sujeito, pois a maioria dos comportamentos delas, se caracteriza por não usar Desculpas Verdadeiras, não reclamar, ser responsável, buscar alternativas, focar-se no seu poder, focar-se no futuro, não culpar o outro pelos seus fracassos etc.

A postura de Sujeito ou Sujeitado é geneticamente definida?

Não sei, não existem pesquisas genéticas que possibilitem esta comprovação. Todos nós temos componentes genéticos como uma das variáveis que influenciam a formação do nosso modo de ser, da nossa personalidade. Mas há outras variáveis, como a influência da família, aspectos socioculturais, aspectos educacionais etc. E precisamos tomar muito cuidado para que estes supostos aspectos genéticos não se transformem em Desculpas Verdadeiras para os Sujeitados serem como são. Importante é focar no poder de mudança que o ser humano tem.

As pessoas podem mudar de Perfil?

Ao longo de 17 anos trabalhando com esta abordagem em várias empresas e em vários processos de desenvolvimento, fico muito feliz em ter tido a oportunidade de ver várias pessoas que agiam como Peso Morto e que passaram a ter um Perfil Agregador. Principalmente aquelas que estavam mais próximas da linha que divide o Sujeitado do Sujeito, ou seja, tinham posturas predominantes de Sujeitado mas também de Sujeito, embora as de Sujeitado ainda fossem em maior frequência.

Este Perfil Peso Morto muitas vezes precisa de uma alavancagem externa; por exemplo uma competente Liderança, a participação em processos mais formais de desenvolvimento que trabalhe esta abordagem e feedbacks acerca de seu comportamento mais de espera ou de pouca proatividade.

Outro aspecto que contribui para a mudança de perfil é a competência de escuta e flexibilidade.

A figura a seguir mostra a mudança dos Perfis Peso Morto, pessoas A e B que estão mais próximas da linha divisória de Sujeitado e Sujeito.

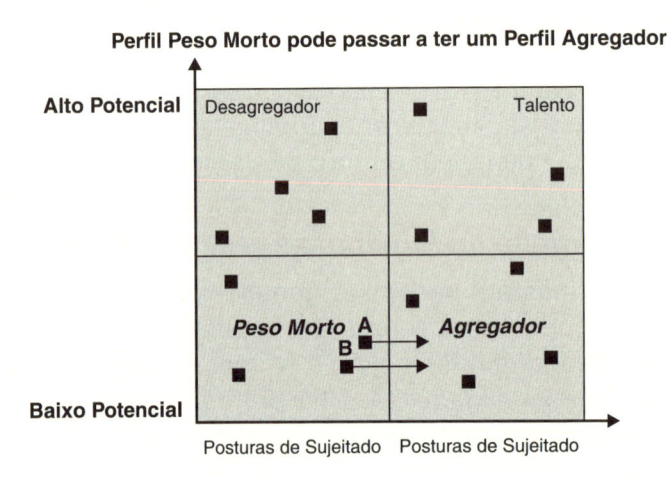

Perfil Peso Morto pode passar a ter um Perfil Agregador

	Desagregador	Talento
Alto Potencial		
	Peso Morto A → B →	Agregador
Baixo Potencial		
	Posturas de Sujeitado	Posturas de Sujeitado

E o Desagregador, pode passar a ser um Talento?

Para responder a esta pergunta, trago um caso para ilustrar a resposta. Durante um grande processo de Mudança Cultural, onde eu também desenvolvia os Gestores da Empresa, determinado líder era visto, não só por mim como por toda a empresa, como um Talento. E de repente este suposto Talento passou a ter posturas mais características de Desagregador. Mas como um Sujeito poderia passar a ter Posturas de Sujeitado? Eu me fazia esta pergunta e resolvi estudar melhor a situação... logo depois ficou claro para mim que era um erro, erro de análise e visão. Eu errei na avaliação. Na verdade este Gestor sempre foi um Desagregador e de primeiríssima linha, que sabia usar todo o seu poder de sedução, tinha explicações superelaboradas e com supostos dados e fatos para toda e qualquer situação acontecida ou para que não se realizasse determinada tarefa ou acordo. Usava de sua capacidade intelectual para desenvolver e apresentar Desculpas Verdadeiras criativas e comumente, sem a possibilidade de verificação. Nunca foi um Talento, embora conseguisse se "vender" como tal.

E eu diria que não é impossível um Desagregador passar a Talento, mas garanto: nestes 17 anos que trabalho com este conceito e abordagem, **eu nunca vi!**

E o Talento?

O Talento, com suas posturas de Sujeito e com sua grande capacidade intelectual, não muda de perfil, pois quando se tem um perfil de Sujeito, suas crenças, valores, ideologias e projetos são muito claros e consolidados. Assim, por mais que se tenha recaídas ou deslizes, o Talento nunca deixará de ser um Sujeito, pois a frequência dos comportamentos de Sujeito sempre será maior do que a de Sujeitado. Desta forma, um Talento jamais passará a ter um perfil de Desagregador. Outro aspecto é que sua alta capacidade intelectual não diminui.

E o Agregador pode passar a ter um perfil de Talento ou de Peso Morto?

A dinâmica do Agregador é parecida com a do Talento. Não passará a ter perfil de Talento devido aos aspectos relacionados ao seu potencial intelectual. E não passará a comportar-se como Peso Morto devido às suas convicções e valores.

Uma equipe de Alta Performance deve ter Peso Morto?

Não. Por definição, nenhuma equipe de alta performance deveria tolerar posturas de Sujeitado, portanto nem Peso Morto nem Desagregador. A alta performance pressupõe proatividade, análise e soluções de problemas, busca de alternativas, novas estratégias, foco em resultados para entregas em altíssimo nível, foco no futuro, energia para ação, vontade, disciplina e treinamento. Não cabem Desculpas Verdadeiras tão típicas de Sujeitados.

Mas pode surgir daí outra pergunta:

Tenho que demitir todo indivíduo de Perfil Peso Morto?

Algumas considerações devem ser feitas a partir desta pergunta. Vamos supor que você tenha acabado de assumir a liderança de uma equipe já formada. Claro que não deve chegar e ir demitindo todos os Pesos Mortos feito um trator, mas deve considerar se têm potencial para que se transformem em Perfis Agregadores. E em tendo, você deve saber o prazo que tem para que isto ocorra e trabalhar para este "resgate", dando feedbacks honestos, claros e respeitosos, elevando a barra de desafios etc.

Mas se você é Gestor de uma equipe que "construiu" há 2 anos e nela há Peso(s) Morto(s), cuidado!! porque deve estar correndo perigo como Gestor.

O que fazer com o Desagregador?

Deve ser feito o desligamento, pois este perfil é muito danoso para a equipe. Comumente faz um papel de contraliderança e com facilidade usa de manipulação e sedução. É o típico "competente" tecnicamente, muitas vezes com posturas muito desalinhadas em relação aos valores e ao perfil esperado para uma equipe de alta performance.

O que fazer para evitar a contratação de Peso Morto e Desagregador?

Importante salientar que o Gestor precisa saber como identificar Sujeito e Sujeitado nos processos seletivos para assegurar a não contratação de Peso Morto e Desagregador. Este é um dos motivos pelos quais desenvolvemos um Workshop de Entrevista Estruturada por Competências para Gestores que tem contribuído muito para a eficácia nos processos de seleção.

No momento de demissão devo explicitar que o funcionário é um Sujeitado?

O momento de demissão não é momento para feedbacks que já deveriam ter sido dados ao longo do tempo. A decisão está tomada, a fase de oportunidade de mudança já passou.

Existem países com maior frequência de Sujeito ou de Sujeitado?

Não temos pesquisas que demonstrem isso, mas podemos dizer que os valores que levam uma sociedade ao progresso são diferentes daqueles que levam outras sociedades à pobreza. E são os Sujeitos que constroem estas sociedades de progresso e de riqueza. Este valores compõem uma cartilha que leva a comportamentos de responsabilidade, disciplina, honestidade, foco em resultados, progresso, respeito ao outro, ética, liberdade, escolha etc. definindo a cultura dominante no país, ou seja, seus valores, crenças e princípios inegociáveis.

Qual o papel das religiões na cultura e definição do Sujeito ou Sujeitado?

Todas as religiões devem ser respeitadas e reconhecidas, mas certamente o conjunto de crenças de algumas religiões incentiva e promove mais atitude de Sujeito ou de Sujeitado. As religiões que consideram como pecado a competição, ambição, ou a busca por melhores condições de vida, ou o inconformismo com status quo, não incentivam as posturas de Sujeito. Estas religiões estão muito presentes em grande parte dos países onde o desenvolvimento econômico tem evoluído de forma extremamente lenta, como por exemplo temos a maioria dos países da África e da América Latina.

Aqueles que acreditam que tudo o que lhes acontece, seja de bom ou de ruim, está determinado por Deus, retiram de si a responsabilidade por suas escolhas e usam a vontade do Ser Supremo como Desculpa Verdadeira pelo seu destino.

Os pais definem a postura de Sujeito ou Sujeitado de seus filhos?

Os pais têm um papel muito importante na transmissão de valores para seus filhos. E estes valores vão influenciando, definindo e construindo atitudes e comportamentos diante da vida e do mundo. Ora, os pais não têm o poder de definir que os filhos sejam Sujeito ou Sujeitado, mas têm uma enorme responsabilidade e influência para que tenham uma ou outra postura.

Por isso é tão importante ensinar o filho a pescar, pois dar o peixe pode contribuir para que o filho entenda que ele tem o direito de ganhar ou receber do outro e do mundo aquilo que quer ou precisa e que o outro tem o dever de lhe suprir.

Outro aspecto importante é não aceitar Desculpas Verdadeiras dos filhos para seja lá o que for, pois elas podem "isentá-los" da responsabilidade de determinada situação, tarefa ou compromisso. Além de subotimizar o desenvolvimento enquanto pessoa, o uso de Desculpas Verdadeiras os levará com extrema probabilidade a terem posturas de Sujeitado.

Muitas pessoas nem admitem que se colocam na posição de Sujeitado. Existe algum exercício ou atividade que possa ser feita para que esta percepção aflore e a pessoa em questão passe a se perceber e se policiar?

Fora os limites pessoais pré-dados, como a família de onde veio, uma necessidade especial de nascimento ou adquirida em um acidente, o país onde nasceu, a língua nativa, a cor dos olhos, o sexo de nascimento, etc., tudo depende de nós! De nossas escolhas, de nossas posturas frente às adversidades, de nossas atitudes frente aos nossos supostos limites... e aceitar nossa capacidade de responder, de ser responsável frente a qualquer coisa que se nos apresenta.

Exercício? O olhar para si e perguntar-se: uso Desculpas Verdadeiras para justificar aquilo que não fiz, não entreguei, não cumpri? Reclamo muito? Na maioria das vezes, as pessoas atribuem suas não conquistas ao outro, a algo que é externo a elas...perguntar-se:

Sinto-me injustiçado? Coitadinho? Azarado? Acho que o outro que tem sucesso é sortudo? Se suas respostas forem mais sim do que não, estará identificado um Sujeitado.

Em suma, olhar criticamente seus comportamentos à luz desta abordagem. Identificar comportamentos de Sujeitado e se policiar para não os ter, entendendo sua responsabilidade para estar onde está. Todos nós estamos onde estamos porque, através de nossas escolhas, assim fizemos nossas vidas... verdade dura ou não, esta é a realidade.

Como as empresas se colocam em relação a estas posturas de Sujeito ou Sujeitado?

As empresas com cultura de alta performance ou aquelas que querem realmente mudar sua cultura, quando entendem este conceito, querem ter Sujeitos em seus quadros, começando pelas Lideranças!

E, assim, otimizam seus processos desde a Seleção, tanto é que nossa empresa Human Capital Consultores Associados desenvolveu um Workshop totalmente focado em dar ferramentas para os Gestores neste processo mais inicial, ou seja, antes de as pessoas entrarem na empresa. Um Workshop focado em Entrevista Estruturada por Competências para Gestores que identifica os Sujeitos para a contratação.

Nossos clientes têm nos procurado para Desenvolvimento de suas Lideranças com este foco de se desenvolverem para a otimização de posturas de Sujeito e para a construção de equipes de alta performance.

Somos bastante procurados para Desenvolvimento de Trainees com este mesmo foco.

Levamos este conceito através de palestras e workshops para mais de 5.000 pessoas nestes últimos dois anos. Há empresas que tiveram todo o seu quadro de funcionários entrando em contato com esta abordagem através de palestras ou workshops, criando significativa massa crítica, para atitudes de Sujeito.

Depoimentos

Empresários, diretores, gestores e profissionais de diversas áreas, enfim, indivíduos vitoriosos que não usaram escudos, desculpas ao tomarem contato com a abordagem "Sujeito" ou "Sujeitado" e enfrentaram seus objetivos, superando desafios.

O conceito de "Sujeito" ou "Sujeitado" foi apresentado pela primeira vez por volta de 1994, sendo utilizado ao longo dos últimos 17 anos em incontáveis palestras, workshops, programas de treinamento e desenvolvimento de lideranças, desenvolvimento de equipes, coaching de executivos, identificação de talentos em processos seletivos ou em processos de transformação cultural.

A abordagem sobre talentos, usando o referencial do Sujeito ou Sujeitado em combinação com o potencial intelectual, foi introduzida cerca de uma década depois.

Já o modelo do peso morto, desagregador, agregador e talento passou a incorporar as apresentações apenas em meados de 2007.

A abordagem apresentada neste livro, que foi sendo construída ao longo de 17 anos e que teve a participação indireta de muitas pessoas que entraram em contato com o conceito e vivenciaram em maior ou menor intensidade seus efeitos, foi enriquecida sobremaneira com vários feedbacks importantes que, indiretamente, contribuíram para o aprimoramento conceitual.

Foram inúmeros depoimentos, muitos deles emocionados e emocionantes, sobre como um conceito e uma abordagem simples contribuíram para a efetivação de uma mudança pessoal e profissional que alterou de forma definitiva sua visão de mundo e, consequentemente, seus comportamentos, suas escolhas e posicionamento frente à realidade.

Ao longo desses anos, milhares de pessoas entraram em contato com a abordagem aqui apresentada, onde o conceito de Sujeito ou Sujeitado foi discutido em diferentes contextos e para diferentes públicos.

Outras vivenciaram a prática do conceito durante a implementação de grandes processos de transformação de cultura organizacional. Incorporaram, elas mesmas, a postura de Sujeito e lideraram os processos de mudança. Criaram culturas de alta performance através da formação de massa crítica de Sujeitos na organização.

Todas essas pessoas, esses profissionais são evidências concretas da eficácia desses conceitos e da sua capacidade de produzir as mudanças de comportamento em si, no outro e na equipe.

Agradeço a todos que estão compartilhando suas experiências e acredito que elas serão muito úteis aos leitores.

A seguir, alguns depoimentos:

Luiz Allan
CFO da White Martins – Praxair
Contatos com a abordagem em outubro e dezembro de 2013 em Palestras do "SOS" no Workshop de Integração Equipe Controladoria e no Workshop Staff Meeting – Lideranças de Finanças.

A busca de uma equipe de alta performance requer mudança de cultura organizacional e, mais do que isso, mudança de postura dos membros da equipe. Sempre tive consciência disto e tenho trabalhado com os meus líderes neste sentido. Porém, como sabemos, mudar a postura das pessoas não é tarefa fácil. Todavia, o contato com a proposta apresentada pela Marisa e documentada no seu livro *S.O.S Sujeito ou Sujeitado* nos forneceu um instrumento de trabalho prático, útil e de resultado mais rápido do que poderíamos imaginar. Trata-se de uma abordagem simples e direta que traduz de forma organizada tudo aquilo que sabemos que deve ser seguido como "modelo de alta performance", mas temos dificuldade em transmitir para a equipe e transformar em mudanças de atitude de fato.

O mais extraordinário é que o uso dessa proposta (que eu chamo de ferramenta de gestão) despertou uma tremenda onda de criatividade na organização. Muitos ainda acreditam que a criatividade seja uma habilidade restrita ao pessoal de marketing, artistas ou pessoas que nascem com esse dom. Porém, entendo que criatividade seja a capacidade de apresentar alternativas de soluções para problemas conhecidos e inovação para problemas ainda não conhecidos, seja isso no Contas a Pagar, na Contabilidade ou no setor de Marketing. Entendo também que a criatividade pode ser uma competência a ser desenvolvida. E a proposta do Sujeito ou Sujeitado trabalha muito bem esse aspecto, pois o que distingue o profissional criativo dos outros é sua atitude em relação ao problema. O profissional criativo canaliza a sua energia para a solução e não para o problema. O profissional "pouco criativo", em um primeiro momento, nega a existência do problema. Depois dessa etapa, passa a lamentar o problema e, por fim, irá esperar que alguém lhe diga o que deve ser feito para resolver aquele problema. Notem o tempo perdido sem trabalhar na solução. *S.O.S. Sujeito ou Sujeitado* endereça muito bem a postura esperada para uma equipe de alta performance. Parabéns, Marisa!

Luiz E. H. Teixeira
Diretor de Franquias
Allied do Brasil
Contato com a abordagem no Workshop Desenvolvimento de Lideranças – Práticas Eficazes

"Conheci Marisa Urban, e o tema Sujeito ou Sujeitado, em 2013. Atuo no varejo de tecnologia há mais de 15 anos e já deparei com inúmeras desculpas verdadeiras. A leitura do livro, complementada pela envolvente e dinâmica palestra sobre o tema, nos permite oxigenar as ideias e avaliar a postura, pessoal e profissional, individual e coletiva. Diversas vezes aproveitei o SOS para lembrar a alguns colaboradores de que em dia de chuva também tem cliente interessado em comprar, de que em feriado prolongado a cidade não fica deserta, de que uma nova tecnologia só é utilizada quando entendemos seus benefícios. E, como pai de uma bela jovem de 18 anos, busco repartir o conceito – ou será rebater? – das desculpas verdadeiras de minha querida filha e orientá-la a buscar seu lugar de sujeito em nossa sociedade. O tema é muito saudável para constante reflexão e prática de seus princípios, que certamente nos estimulam a agir a partir de nossas escolhas para melhorar a sociedade de maneira responsável e consciente de nossas obrigações e deveres. Sujeito ou Sujeitado: um tema sempre atual e pragmático que nos auxilia na gestão de pessoas."

Erik Klönhammer
CEO da Katoen Natie do Brasil
Primeiro contato com a abordagem em julho de 2011

A verdade é que sempre fui bastante cético quanto às grandes teorias dos consultores. Mais de uma vez li ou ouvi teorias muito simplificadas, mas embaladas em palavras muito caras.

Foi durante uma entrevista com a Marisa, que nem sabia quem era e que conheci só no mesmo dia da entrevista, quando ela me perguntou sobre as minhas impressões do mundo profissional depois de um ano no Brasil.

Respondi que, entre outras coisas, tinha uma sensação de que a maneira popular de resolver problemas é jogar mais pessoas na área problemática em vez de confrontar as pessoas com a responsabilidade delas.

A Marisa entendeu imediatamente o que eu queria dizer e me perguntou se eu havia lido o seu livro, o que não foi o caso. Deu-me um exemplar. Poucos dias depois tive uma viagem e, para matar o tempo no avião, comecei a ler o livro S.O.S., ainda que com meu ceticismo em relação às teorias que saem das consultorias.

Provavelmente o S.O.S. é dos menores livros de management que já li e é um dos livros que mais impacto me deixaram. Com cada página, me dava conta do monte de desculpas verdadeiras com que me encontrei cada dia no meu entorno: o responsável operacional para explicar porque ainda não implantou o follow-up das produtividades individuais, o meu filho para explicar por que cometeu este erro no exame de matemática, o meu cliente para se justificar por que o pagamento desta fatura se atrasou, etc.

E mais, ainda que considere a minha posição uma consequência do meu comportamento majoritariamente "sujeito", me surpreendi mais de uma vez procurando uma desculpa verdadeira para escapar rapidamente de um problema, que, sem dúvida alguma, ia voltar ainda mais rápido a causa da desculpa verdadeira.

Desde então S.O.S. é uma guia para mim, para eu reconhecer e avaliar o comportamento das pessoas no meu entorno, seja privado ou profissional, e até uma vigilância do meu próprio comportamento para não entrar na armadilha da desculpa verdadeira.

Simone A. Barbosa de Freitas
Supervisora Administrativa na Indústria Alimentícia
Contato com a abordagem em 2011 – Grupo Libra

Fui convidada para assistir a uma palestra sobre o livro *S.O.S. Sujeito ou Sujeitado* em 2011, quando trabalhava para o grupo Libra.

Os executivos do grupo haviam participado de um *workshop,* onde conheceram a abordagem, e um dos gestores acreditava que tal assunto deveria permear todos os níveis da organização. Recordo-me que fiquei encantada com a abordagem e, ao final da palestra, foi-nos perguntado o que cada um estava sentindo ao ouvir sobre o tema. Quando chegou a minha vez de responder, eu disse que o sentimento era de ter ganho um grande presente. Desde então passei a refletir sobre a minha própria conduta pessoal e profissional sob a ótica proposta pela obra *S.O.S. Sujeito ou Sujeitado*. Depois comecei a observar na equipe quem tinha postura de sujeito e quem tinha postura de sujeitado. O meu maior desafio enquanto gestora passou a ser o de contribuir e estimular as pessoas a mudarem de postura, de sujeitadas para sujeitas. Volto sempre à leitura deste livro quando sinto necessidade de relembrar os conceitos da abordagem. É como se eu fizesse uma reciclagem em mim mesma para não esquecer que melhor é ter postura de sujeito e ter a oportunidade de decidir pelo meu próprio sucesso, sem me valer das desculpas verdadeiras para justificar o que não fiz ou o que não alcancei.

Sempre que posso procuro divulgar essa abordagem, proporcionando ao outro a oportunidade de conhecê-la e também de despertá-lo para uma reflexão sobre as duas posturas, e a proposta que cada uma delas oferece ao indivíduo: ser o timoneiro da sua trajetória de vida e assumir as consequências de todo resultado obtido ou viver esperando que o outro faça algo por você.

Marta Rachman
Diretora Técnica e sócia da Human Capital
Utiliza a abordagem desde início de 2010

Logo que tomei contato com a abordagem Sujeito × Sujeitado, me encantei com a simplicidade. Trabalhando em RH há mais de 20 anos, costumo observar indivíduos que assumem uma postura mais cômoda, buscam culpados para seus insucessos, não assumem responsabilidades e nadam conforme a corrente. Mas também posso distinguir diversos Sujeitos, com S maiúsculo, que aproveitaram todas as oportunidades que a vida lhes apresentou, boas e ruins, que fazem e acontecem.

Afinal esta "fórmula mágica" pode ajudar e de fato ajuda muita gente a repensar o modo como está conduzindo a sua vida. É um prazer trabalhar com a Marisa diretamente e contribuir na divulgação do conceito.

Tarcila Vasconcelos Chiodin
Gerente de RH Corporativo – Grupo Libra
Excelência em Seleção para equipe de RH e Gestores 2010/2011

Desde o primeiro contato com o conceito de Sujeito × Sujeitado fiquei encantada com a sua possibilidade de transformação e desenvolvimento humano. No final de 2010 elaboramos, em parceria com a Marisa Urban e Selma Paschini, um treinamento de excelência em seleção com este conceito, que foi ministrado para todos os executivos do Grupo. O intuito era identificar as posturas de sujeito ou sujeitado no processo seletivo, mas o resultado foi muito além disto! Os gestores atualmente utilizam o conceito para seleção e também para avaliação de desempenho, ações de desenvolvimento, planejamento de carreira, além do autoconhecimento, avaliação e redirecionamento da vida pessoal.

O livro tem uma abordagem leve, clara e com muitos exemplos práticos, que nos permite uma rápida assimilação e identificação com o cotidiano. Totalmente aplicável no nosso dia a dia, nos possibilita refletir como estamos agindo tanto na vida pessoal como na profissional. Excelente abordagem! Recomendo a todos os que buscam o próprio desenvolvimento, bem como o de suas equipes, amigos, cônjuges, filhos, etc.

Alfredo Hatarashi
Diretor da Unidade Tiph Técnica Industrial Alfenas
Primeiro contato com a abordagem em 1999, no início
Processo de Mudança Cultural

Eu diria que a base da mudança cultural ocorrida na Tiph e em mim foi entender a diferença entre ser um "Sujeito" ou um "Sujeitado" e transformar os funcionários em Sujeitos.

Eu, antes do seu trabalho de consultoria, era uma pessoa medrosa, com muita vontade de trabalhar, com ideias inovadoras mas muito subservientes a algumas pessoas. Isso fazia com que eu continuasse sendo um "Alfredinho", e provavelmente as minhas ideias não teriam evoluído, e com certeza acabaria sendo para o resto da vida um bom serviçal para essas pessoas.

Lembro-me muito bem do livro *A Águia e a Galinha*, de Leonardo Boff, e faço um comparativo com a minha vida; antes se ser Sujeito eu era uma galinha, e achava bom, eu estava sendo alimentado, vivendo em um cercado sem enxergar o que havia do outro lado e aparentemente feliz, mas após virar Sujeito me tornei uma águia e aí comecei a decidir o que era melhor para mim, o que era melhor para a empresa, e acredito que se a Tiph está sobrevivendo até hoje é porque as pessoas que trabalham aqui são mais Sujeito, mais motivadas e conseguimos passar por momentos considerados difíceis até para empresas muito estruturadas e ricas.

Estamos vivenciando no Brasil a entrada em massa de produtos industrializados dos países da Ásia, são produtos de baixo custo; a Tiph, que é uma indústria de peças automotivas, tem concorrido com empresas chinesas, indianas e turcas.

Tenho certeza de que vamos sobreviver porque temos uma base cultural em que mudanças são aceitas e executadas; posso dizer que o Sujeito se adapta rapidamente às mudanças, e o Sujeitado, não.

Matheus Melegari
Era trainee da antiga VCP Grupo Votorantim
Contato com a abordagem em 2008 em
Processo de Mentoring para Trainees

Tive oportunidade de passar por um Processo de Mentoring que, para mim, foi proveitoso no sentido de direcionar as perguntas que eu deveria me fazer. O conceito do Sujeito × Sujeitado foi útil para que eu me colocasse como um observador das minhas atitudes e escolhas em relação ao trabalho para depois me avaliar sob esta ótica na busca das respostas.

Com isso, pude tomar as rédeas da minha carreira para mudar meus comportamentos para a direção que defini, aceitando o papel de Sujeito na minha história profissional.

Os impactos foram diretos na minha qualificação, pois, como Sujeito, pude identificar melhor os passos que precisaria dar em busca de me aperfeiçoar, mas a maior importância aconteceu no plano pessoal.

Foi uma boa experiência de autoconhecimento, e nem sempre uma experiência fácil, pois aceitar-se como Sujeito e legislador do seu destino profissional implica assumir responsabilidades e muitas vezes reconhecer inclusive defeitos e passar pela experiência de mudá-los, o que, embora possível, nunca é fácil.

Claudenice de Carvalho
Inspetora de Produção na Radicifibras – Indústria e Comércio Ltda. Participou de Processo de Mudança Cultural de 1994 a 1996 em empresa de médio porte

É com imenso prazer e gratidão que deixo meu depoimento aqui.

Este livro com certeza irá contribuir muito com a incrível evolução e descoberta de muitos leitores.

Ano de 1996... Para mim seria somente um Treinamento de Liderança chato, no dia da minha folga, pois eu era uma Sujeitada, vivia reclamando de tudo...

Mas o que era para ser um simples desenvolvimento de liderança foi uma grande revolução em minha vida.

Aprender a ser "Sujeito" foi a libertação da vaquinha de presépio que sempre havia morado dentro de mim. Sabe, né... aquela vaquinha de louça com cabecinha baixa, com cara de lamentação, sem coragem ao menos para erguer a cabeça, enfim, uma "Sujeitada"!

Eu era assim... vivia chorando as derrotas, perdendo as forças, reclamando da vida, procurando culpados, me escondendo atrás de uma pessoa sofrida, amarga, sentindo pena de mim, e, o pior... sem coragem de lutar.

Depois que passei por este Processo de Desenvolvimento, comecei a lutar com muita garra pelos meus ideais, meus princípios e até consertei coisas erradas que tinha feito na minha vida. Consegui comprar minha casa e sair da casa da minha mãe, pois já passava da hora. Deixei de sofrer com situações que me incomodavam e de empurrar com a barriga. Ou seja, aprendi mesmo a "colocar o pau na mesa" (esta expressão deu o que falar e ficou pra história!...), e não ficar em cima do muro. Aprendi que, ao invés de ficar com pena de mim, deveria buscar a minha felicidade através das coisas em que acredito.

É com muito orgulho que compartilho o que este Processo de Desenvolvimento representou para mim; é como se fosse um presente divino em minha vida e que nunca foi embora, sempre está comigo, e sempre procuro passar para os outros.

Sinto-me feliz e honrada em fazer parte desta história de transformação de Sujeitado para Sujeito. Orgulho-me por ter alcançado parte da minha felicidade concretizando sonhos antes considerados por mim inatingíveis. Tenho, hoje, muita tranquilidade para lutar sempre, pois minha vida é uma busca constante.

Também me orgulho de ter ensinado um pouco do que aprendi para minha filha.

Guilherme Burlamaqui Saramago
Gerente de Qualidade
Itaú Previtec

Em nossas conversas no Processo de Coaching, Sujeito × Sujeitado foi um tema que contribuiu não só para o meu desenvolvimento como também pude aplicar em minha equipe.

O tema parece óbvio, porém, olhando fora da caixa, muitas vezes nos comportamos como Sujeitado, e esta percepção foi vital para melhorar minha performance.

Uma medição do bom resultado em minha equipe é que, trabalhando o conceito e com feedbacks, conseguimos consolidar novas lideranças, permitindo que a equipe alcance melhores resultados para que eu possa me dedicar a novas oportunidades.

Rita Tkatchuk
Consultora em RH
Tomou contato com a abordagem em 2010 no
Workshop Gestão Estratégica de Talentos

No primeiro contato com o conceito "Sujeito × Sujeitado" fiquei surpresa com o alto grau de pragmatismo e assertividade com que pode ser aplicado no dia a dia, além da simplicidade que facilita o entendimento.

Considero que gera impacto e proporciona reflexão e dificilmente dá para ignorar após conhecê-lo.

Acredito que o conceito "Sujeito × Sujeitado" facilita o entendimento das relações humanas e é uma poderosa ferramenta para o autoconhecimento, assim como no exercício dos papéis organizacionais e sociais. Os gestores estarão mais próximos de se tornar líderes se entenderem e aplicarem esse conceito no dia a dia.

Desmitificar o papel da liderança e formar novos líderes estão entre os principais desafios do RH. Acredito que, de forma objetiva e simples, o conceito "Sujeito × Sujeitado" proporciona o entendimento do seu comportamento e de todas as relações humanas que fazem parte do cotidiano.

Juliana Setton Levi
Consultora Assistente da Human Capital Consultores Associados
Entrou em contato com a abordagem em 2007

Tive o privilégio de assistir a diversas apresentações sobre Sujeito e Sujeitado feitas pela Marisa, e a cada apresentação esse tema fazia mais sentido para mim e me provocava a ser melhor.

Tanto na minha vida pessoal quanto na profissional, a abordagem Sujeito × Sujeitado me mostrou que devemos ser Sujeitos, ou seja, devemos ser responsáveis por atos gerados por nós ou pelos outros. E, além disso, não usar Desculpas Verdadeiras.

Normalmente, pessoas com posturas de Sujeitados utilizam fatos que realmente ocorreram (e ocorrem), para se esconder, reclamar e não progredir.

O Sujeito é uma pessoa concreta, única, livre, que tem liberdade de mudar e é realizadora, construtora de si mesma.

Todos nós temos posturas de Sujeito e posturas de Sujeitado, porém o que nos diferencia é exatamente a frequência com que ocorrem tais comportamentos. Portanto, ter responsabilidade, ser responsável pelos nossos atos e pelos atos gerados pelos outros e não usar Desculpas Verdadeiras (ser Sujeito) é a chave do sucesso para a vida pessoal e profissional. Aprendi muito e carregarei esta aprendizagem para sempre.

Simone Albuquerque
Gerente Geral de Captação & Desenvolvimento
Votorantim Cimentos – Centro Corporativo São Paulo
Primeiro contato com a abordagem em 2002 em Processo Seletivo

Era setembro de 2002 quando tomei uma decisão que iria impactar minha vida pessoal e profissional. Desde sempre tive curiosidade por assuntos internacionais e me fascinava a oportunidade de interagir com outras culturas, aprender sobre seus valores e crenças.

Com o advento da globalização minha curiosidade veio "a calhar", pois acabou se tornando um *mindset* apreciado no mercado. O que era então uma inquietude por conhecer o diferente passou a ser uma competência, e me vi compelida a realizar o meu sonho... estudar e trabalhar fora! Parece tão simples depois de realizado, mas parecia uma verdadeira escalada ao Everest quando ainda estava na fase de planejamento...

Na ocasião eu teria muitas Desculpas Verdadeiras para não fazê-lo: o mundo lá fora parecia turbulento demais após o drástico 11 de setembro nos EUA, financeiramente o projeto de ir para fora do país por conta própria parecia inviável devido à disparada do dólar em relação ao real e, profissionalmente falando, eu estava bem empregada. Mesmo assim, eu fui!

Eu me organizei por um ano para viabilizar o meu projeto e abri mão de muitas coisas para torná-lo possível. Realizei a minha formação em Harvard e logo em seguida fui contratada por um grupo multinacional brasileiro em expansão no mercado norte-americano com escritório baseado nos EUA.

Por que decidi arriscar e me lançar ao meu sonho? A resposta está no conceito que a Marisa aqui aborda: para ser Sujeito! Para agir como protagonista do meu show, da minha vida! Para não me deixar paralisar pelas justificativas e não me deixar aprisionar pelas Desculpas Verdadeiras!

Eu havia encontrado a Marisa havia algum tempo antes num processo de seleção. Havíamos falado brevemente sobre o conceito de Sujeito × Sujeitado. Isso sempre ficou ecoando dentro de mim e se manifestou, neste pequeno exemplo, nesta tomada de decisão.

A vida é feita de escolhas que muitas vezes requerem muita coragem, atitude, postura. De encarar as responsabilidades, tomar as rédeas do que fazemos e não nos envergarmos às desculpas, às muletas que muitas vezes estão a nossa disposição, nos tentando a usá-las.

Claro que não é fácil ser Sujeito o tempo todo em todas as situações. Mas até mesmo diante das situações mais difíceis, encontramos pela vida exemplos de verdadeiros Sujeitos que nos inspiram, nos ensinam e muitas vezes nos mobilizam para irmos além. Ser Sujeito dá trabalho, requer bravura.

Mas também dá sentido à vida, gera um senso de realização e orgulho inigualáveis, e Sujeitos, no coletivo, transformam realidades! Levo esta reflexão comigo até hoje: estou tendo posturas de Sujeito ou de Sujeitado? E isso me ajuda a fazer minhas escolhas!

Carla D. dos Santos
Inspetora de Produção na Radicifibras – Indústria e Comércio Ltda. Participou de Processo de Mudança Cultural de 1994 a 1996 no Desenvolvimento de Liderança

O contato com a abordagem valeu a pena! Aquela época foi uma virada na minha vida, descobri que podia ser "Sujeito" sem afastar as pessoas de que mais gostava (era o meu maior medo). Percebi que podia ser capaz de dizer um NÃO ou SIM na hora certa.

Tudo que aprendi levo comigo na vida profissional e, principalmente, na pessoal.

Desde aquela época tenho duas regras que faço de tudo para não deixá-las de lado:

- Sempre dar o primeiro passo.
- Não usar as Desculpas Verdadeiras.

Confesso que ainda dou umas mancadas!!! Mas procuro corrigir assim que percebo ou levo uma "porrada" de minha gestora "Sujeito".

Aércio de Paula Inácio
Gerente de Operações
Técnica Industrial Tiph S/A
Primeiro contato com a abordagem em 2001

Eu, Aércio, considero o marco de transformação de minha vida pessoal e profissional quando conheci os conceitos Sujeito × Sujeitado.

São exatos nove anos, e valorizo imensamente as mudanças que tive como pessoa.

Antes, meus dias resumiam-se nos sentimentos de falta de sorte, de injustiça, de fracassado, desconfiado e arredio às pessoas que nem mesmo conhecia e absurdamente tinha o sentimento de que minha cor de pele gerava limitações, comportamentos típicos de um autêntico Sujeitado.

Tudo isso era motivado pelas perdas e apertos financeiros, pela minha sucessão de erros e fracassos, pelos preconceitos, pela graduação não concluída etc.

Sob orientação séria, quando tive o verdadeiro entendimento dos conceitos Sujeito/Sujeitado e quando tive aceitação da minha condição de Sujeitado, uma súbita e silenciosa sensação de vergonha tomou conta de mim.

Daí, agindo como deveria agir um Sujeito, os resultados concretos apareceram como a conclusão da minha graduação, 3 (três), pós-graduação, ascensão profissional, aquisições patrimoniais e constituição de família. Literalmente, ocorreram como se fosse matematicamente calculado.

Os resultados que considero abstratos arremeteram-me na condição de me sentir capaz de realizar meu sonho, independente das adversidades.

Profissionalmente, procuro repassar aos meus liderados diretos e indiretos toda minha experiência quanto aos conceitos Sujeito/

Sujeitado, tomando por base meu conhecimento de causa e por acreditar que qualquer homem, ao adquirir consciência dos conceitos de Sujeito/Sujeitado, cria condição de independência, de liberdade e de ser dono do próprio destino. Procuro sempre fazê-lo mediante situações reais e rotineiras.

Julio Cesar Almeida
Superintendente de RH da SulAmerica Seguros
Contato com a abordagem em 2009 em Processo de Assessment para o Grupo de Talentos

A abordagem utilizada pela Marisa do Sujeito × Sujeitado me fez perceber o quanto é importante não cairmos na fácil tentação de usarmos "Desculpas Verdadeiras" que o tempo todo estão ao nosso redor.

O foco passa a ser a sua ação diante das supostas desculpas e não mais o quanto essas mesmas desculpas podem influenciar determinada situação, limitando-a.

Pessoalmente, tive uma trajetória repleta de "Desculpas Verdadeiras" que poderiam atrapalhar minha caminhada. E hoje, ouso dizer que esta abordagem foi fundamental no meu amadurecimento, e, sempre que posso, a utilizo com as pessoas que trabalham diretamente comigo. Entre o Sujeito e o Sujeitado, acreditem, escolham sempre o primeiro.

Gustavo Fortes
Sócio-fundador da Espalhe – Marketing de Guerrilha
Tomou contato com a abordagem em 2010 em um Processo de Consolidação da Cultura Organizacional facilitado pela Human Capital

O conceito Sujeito e Sujeitado resume plenamente o meu ideal de perfil profissional. Como empreendedor, sempre busquei Sujeitos para trabalhar comigo, mas nunca pensei da forma como a Marisa Urban conceituou, e isso me ajudou a identificar mais facilmente nas pessoas as características que me interessam.

Admiro aqueles que pegam a responsabilidade para si, não importa em qual situação. Aqueles que se comprometem com a empresa na qual trabalham e, conscientemente, dão de si para receber juntamente com a empresa. O Sujeito é um perfil de dono do negócio, difícil de encontrar em um mercado que, durante muito tempo, foi pautado pela comodidade do emprego e que premiava somente o tempo de serviço.

Sonia Silva
Gerente Administrativa Contábil da Técnica Industrial Tiph
Primeiro contato com a abordagem em 1997, em Processo de Desenvolvimento da Cultura Desejada de empresa têxtil multinacional e depois na Técnica Industrial Tiph

Tomar conhecimento do conceito de Sujeito e Sujeitado fez toda a diferença na minha vida. Quando internalizei esses conceitos, consegui começar a fazer escolhas mais conscientes e corretas. E minha atitude diante dos acontecimentos mudou; por exemplo: na minha vida profissional consegui me desenvolver e crescer.

Quando comecei a ter contato com esses conceitos era uma analista fiscal e hoje atribuo ao conceito e a todas suas aplicações o fato de responder pela Gerência Administrativa e Contábil da empresa em que atuo. Contribuiu também para o meu desenvolvimento como gestora. E isso se deu devido às minhas atitudes para responder aos acontecimentos com ações rápidas e precisas, sempre procurando corresponder às demandas e expectativas do negócio. Foram muito importantes neste processo demonstrações de confiança em meu trabalho e em mim.

Na minha vida pessoal, esses conceitos foram de grande ajuda, quando meu único filho, de seis anos, faleceu em um acidente com um muro que caiu sobre ele. Daí pensei: tenho duas opções, ficar Sujeitada, e deixar que todos tenham pena de mim, ou então ir à luta, procurar ajuda e tentar conviver com a dor da perda, e foi o que aconteceu.

Mais uma vez os treinamentos que tive me ajudaram muito. Hoje continuo minha vida junto de meu marido. Sempre com o pensamento de que em qualquer situação que vivencie tenho duas escolhas: me fazer de vítima e esperar para ver o que vai acontecer, ou, então, ir à luta em busca de uma solução.

Leonardo Diz
Responsável pela Operação Brasil da PROTESTE – Associação de Consumidores, parte da Euroconsumers, organização multinacional que realiza testes em produtos. Teve contato inicial com o tema em 2007 em Processo de Executive Coaching

Sujeito × Sujeitado para mim foi uma grande descoberta. É o tipo da coisa que intuitivamente você sabe, mas quando alguém consegue sistematizar e dar nomes, fica tudo muito mais claro. Compreender o processo que ocorre para que você tenha uma postura de Sujeito e não de Sujeitado ajuda o profissional a ter a atitude correta.

Quase que automaticamente, consegui perceber no meu dia a dia que algumas vezes tomava a postura de Sujeito e em outras vezes a de Sujeitado.

Porém somente perceber não foi suficiente. É como um atleta em busca de um melhor desempenho, tem que treinar o músculo sempre... Usar o conceito em cada oportunidade, em cada atitude.

O mais interessante foi utilizar o conceito com a minha equipe, pois praticamente todos passaram pelo mesmo treinamento e também tinham o conceito. Então quando eu os confrontava com alguma situação, eles sabiam exatamente aonde eu queria chegar. Até ocasionalmente, eles vinham com o seguinte discurso: "Eu sei que é uma Desculpa Verdadeira, mas...". Ou seja, de alguma forma eles já tinham sacado qual deveria ser a postura correta.

A repercussão desse conceito no meu estilo gerencial foi enorme. Assumindo um papel de ator na minha organização, trouxe mais confiança para os meus superiores que estão bastante longe (Bélgica). O meu papel como líder local vem ganhando destaque e tem sido reconhecido mesmo por aqueles que estão distantes.

Mariana Neves
Gerente de Desenvolvimento de Gente da Estácio Participações
Primeiro contato com a abordagem em 2008 no Programa de Desenvolvimento Executivos para Alto Desempenho

Tomar contato com o conceito foi o ponto de partida para alguns trabalhos importantes de desenvolvimento humano que realizamos na nossa empresa.

De uma forma simples e objetiva, trouxe-nos a reflexão da postura desejada para nossos colaboradores.

Lembro-me de certo dia, quando usei o conceito Sujeito e Sujeitado com um trainee que me procurou com muitas "Desculpas Verdadeiras". Pedi a ele que voltasse a conversar comigo quando ele se tornasse o Sujeito daquela situação.

Foi fantástico o resultado!!

Luciana Alves
Gerente da Área Técnica e Qualidade da RADICINYLON (Radicifibras Ind. e Com. Ltda)

Você usava e "muuuuito" este conceito já naquela época... em 1994/1995. Tenho muito a falar sobre como eu o aplico nas minhas rotinas... na verdade, não é uma questão de "aplicar", pois, uma vez absorvido, faz parte da sua conduta, profissional ou pessoal.

Eu acredito que as respostas estejam nas minhas mãos e jamais perco tempo reclamando de nada nem de ninguém.

Incomoda-me esperar; portanto, ajo!

Passo isso às minhas equipes, seja através dos procedimentos de trabalho (que obviamente uma empresa tem que ter), ou através dos exemplos, atitudes ou posturas.

As pessoas que acreditam nessa conduta AGEM, ao invés de REAGIR, são mais autônomas e portanto criam com mais frequência e se destacam.

Repito muito isso aqui... AGIR! Nunca REAGIR!

Vira e mexe lembro daquela nossa época... Foi um ano que aprendi tanto, mas tanto, que, comparado aos anos seguintes, hoje vejo que valeu por cinco anos da minha vida!

Ana Lucia Garcia
Foi supervisora de empresa têxtil multinacional
Teve o primeiro contato com o tema em 1997

Aprendi que ser Sujeito ou Sujeitado é nossa escolha.

Ver se você é Sujeito ou Sujeitado não é fácil. Comigo, no começo, eu não achava que era Sujeitada, mas com muita ajuda fui aumentando minha autocrítica, conscientizando-me e depois me libertando desta situação de coitada; me achava assim, uma coitada, tipo ninguém me ama, não tenho valor para ninguém.

Sentia-me confortável quando sentiam pena de mim, sempre decidiam por mim, isso incluía amigos, família e marido.

Na maioria das vezes não conseguimos sair dessa dependência sozinhos. Eu tive uma grande ajuda da Marisa, quando começou a me mostrar o outro lado e me fez ver que podia ser águia e não um bicho que rasteja. Que não podemos olhar de baixo para cima e sim de cima para baixo, fica mais fácil resolver os problemas quando os vemos "de cima", menores do que nós e possíveis de alteração.

Hoje sei que sou uma águia, pois sempre exponho o que penso, procuro resolver meus problemas o mais rápido possível. Não espero acontecer.

Quando alcançamos esta posição de Sujeito, vemos que perdemos tempo demais nos sentindo inferiores aos outros.

Alessandro Prieto
Gerente de RH para as
Américas Central e do Sul da LG Eletrônicos
Contato com a abordagem "Sujeito ou Sujeitado" em
2010 em Workshop Gestão Estratégica de Talentos.

Sujeito e Sujeitado: Ao escutar essas duas palavras podemos saltar imediatamente para suas definições literais como um bom Aurélio poderia nos oferecer, satisfazendo-nos com esse superficial entendimento e continuando nosso dia a dia como se apenas tivéssemos incluído um melhor detalhamento para utilização de nosso vocabulário cotidiano.

Todavia, uma vez que temos a oportunidade de entender o CONCEITO de Sujeito e Sujeitado brilhantemente apresentado pela Marisa, podemos entrar em um universo muito mais complexo e de vital importância tanto dentro do escopo corporativo quanto do pessoal.

A compreensão sobre os comportamentos e atitudes inerentes ao SUJEITADO nos faz perceber a importância de tomarmos uma postura de SUJEITO e sermos RESPONSÁVEIS; ou seja, aqueles que agem, que tomam uma atitude frente aos desafios.

Isso se estende em nossa postura dentro de nossas organizações e também como Sujeitos em nossa vida pessoal, deixando de ser vítimas do mundo e assumindo o papel de ator principal em cada passo de nosso caminho.

Ser Sujeito ou Sujeitado é uma descoberta que certamente definirá novos rumos em nossas profissões, relacionamentos, decisões; enfim, em nossas vidas.

Não tenho dúvida de que para mim foi um aprendizado extremamente rico e de um valor pessoal e profissional inestimável, o qual serviu para que eu pudesse certificar meu papel de Sujeito para poder alcançar meus objetivos, realizar meus sonhos e certamente ser RESPONSÁVEL pela minha vida.

Agradeço à Marisa essa inigualável oportunidade de aprendizado e crescimento.

Ana Lúcia Barros
*Inspetora de Produção na
Radicifibras – Indústria e Comércio Ltda.
Participou de Processos de Desenvolvimento de
Liderança em empresas nacionais e multinacionais*

Para mim fez e faz todo sentido o conceito Sujeito ou Sujeitado desde quando tomei contato pela primeira vez, em 1994/1995, em uma empresa de médio porte.

Foi depois destes conceitos que aprendi a me dar mais valor e também quando aprendi a respeitar mais o outro.

Aprender sobre Sujeito e Sujeitado não foi para mim uma lição muito fácil, doeu, e muito, e até hoje consigo me lembrar de todos os momentos, não me lembro deles com tristeza, mas é uma forma de eu me manter firme nos meus propósitos (e não ter recaídas só porque você não está mais por perto...).

Ter estes conceitos inseridos em mim me ajuda bastante na criação do João (que a propósito está lindo) e já faz com que ele cresça com bons princípios.

Tenho sempre as lições que você me ensinou como um norte na minha vida, principalmente nas horas de difícil decisão.

É sempre uma emoção falar a respeito deste assunto e de tudo que ele mudou na minha vida.

Rogério Giestas
Foi sócio-fundador da Matrix Distribuidora, tendo, após 10 anos, vendido a empresa ao Grupo Comolatti. Teve contato com a abordagem em março de 2011.

Marisa foi muito feliz ao abordar este assunto de forma simples e direta. De leitura fácil, "sem frescuras" e termos coloquiais, o livro nos leva a reflexões de nossas posturas no cotidiano das relações.

Penso que não somos o tempo todo Sujeitos ou Sujeitados, assim como Marisa coloca, e que a maior frequência de uma ou outra postura define nossos resultados, aonde chegaremos e o que alcançaremos.

Ao ler o livro **S.O.S. – Sujeito ou Sujeitado** constatei que minhas realizações aconteceram sempre que assumi postura de Sujeito. E, em contrapartida, quando assumi postura de Sujeitado, só encontrei dificuldades e "Desculpas Verdadeiras". Esta visão é mais clara ainda em momentos de transição; quando saímos de nossa zona de conforto, ficamos desacomodados. Como é fácil encontrar Desculpas Verdadeiras nestas horas! E é nestas horas que mais precisamos manter postura de Sujeito.

Agora, de forma consciente, e não apenas intuitiva, busco o posicionamento de Sujeito diante de todas as escolhas que a vida me traz, seja no âmbito profissional ou nos demais. Assim, tenho certeza de que contribuirei para meu crescimento como ser humano, cidadão, profissional, e daqueles que se relacionam comigo.

Luiz Henrique Alves
Diretor de Operações da Cia. Bandeirantes
Teve contato com a abordagem no Workshop "Excelência em Seleção – Entrevista Estruturada por Competências", realizado no Grupo Libra em fevereiro de 2011.

Eu estava como Gerente de Operações do terminal de maior movimentação do Grupo Libra quando fiz um treinamento de dois dias com o tema "Excelência em Seleção" – Entrevista Estruturada por Competências" para os executivos do grupo. No segundo dia do treinamento faríamos a análise e discussão do Livro "S.O.S. – Sujeito ou Sujeitado" com, ninguém menos do que, a própria autora do livro.

Eu fiquei tão intrigado com o assunto que na noite do primeiro dia de treinamento terminei de ler o livro totalmente. Eu me senti tão identificado nas páginas do livro que com um marcador de textos fui destacando os trechos dos quais mais gostava. O resultado foi que o livro ficou todo marcado de vermelho.

Em resumo, eu vinha me tratando nos últimos anos como um Sujeitado em alguns aspectos de minha vida pessoal e profissional, e que ficaram muito claros para mim ao efetuar a leitura deste livro.

Eu me identifiquei tanto que literalmente obriguei a minha esposa e os meus filhos a lerem também e conversamos muito sobre as lições desta tão incrível leitura, identificando nossos pontos de Sujeito e de Sujeitado e o que faríamos para reverter essa situação.

No trabalho, ao terminar o treinamento, comprei 30 exemplares deste maravilhoso livro e distribuí para a minha equipe de gestores. O efeito foi imediato com os funcionários vindo me procurar e questionando em que pontos eu os considerava Sujeitos ou Sujeitados.

Isso abriu um espaço para o diálogo que eu nunca havia conseguido ter durante os três anos em que eu trabalhei com esta equipe.

Só tenho a agradecer essa incrível experiência que me fez uma pessoa melhor, seja no âmbito pessoal como no profissional.

QUALITYMARK EDITORA

Entre em sintonia com o mundo

Qualitymark Editora Ltda.
Rua Teixeira Júnior, 441 - São Cristóvão
20921-405 - Rio de Janeiro - RJ
Tel.: (21) 3295-9800
Fax: (21) 3295-9824
www.qualitymark.com.br
E-mail: quality@qualitymark.com.br

Dados Técnicos:

• Formato:	16 x 23 cm
• Mancha:	12 x 19 cm
• Fonte:	Zurich BT (TT)
• Corpo:	11
• Entrelinha:	13,5
• Total de Páginas:	124
• 4ª Edição:	2014
• 1ª Reimpressão:	2017